百科叢書4005

台灣民間信仰神明大圖鑑

林進源／主編

進源書局／出版

出版序

一九八七年，我策劃編輯了一部《中國神明百科全書》，七年後，我再度推出這本《台灣民間信仰神明大圖鑑》，由書名看來，雖然是由大而小，事實上，我的編輯態度卻是更爲謹愼而敬業，更爲踏實而且落地生根於本土。

生於斯、長於斯，我對台灣島有一份濃得化不開的感情，也因此，在我出版了《中國神明百科全書》之後，我更覺得自己有責任對台灣的民間信仰與神明做一番全面性的蒐整、考據與研究。歲月嬗遞，許多民俗古蹟逐漸受到破壞，身爲台灣人，有義務要爲支持台灣人度過艱苦歲月的民間信仰留下一份記錄，這是我所以發願編輯《台灣民間信仰神明大圖鑑》的原因。

傳承薪火，刻不容緩，然而眞正介入，始知其間之辛苦。

製作這本書，始於一九九〇年底，九一年開始實際作業，由資料蒐集、校勘、編寫，到出差全省各地廟壇攝製神明寶像，乃至於刊頭插畫的設計製作，整整花費了三年功夫——古語說：「祇要功夫深，鐵杵磨成針」，這本書不只是「磨杵成針」，更能磨人銳氣，它使我在面對文史經書、民俗寶藏時不敢掉以輕心。面對即將成書的此時此刻，我只盼這三年的苦心沒有白費，更盼它琢磨出的，是像李白一樣光芒萬丈的千古文采！

最後，我要感謝我們編輯製作群的所有成員，包括執行編輯齊格飛、文字編輯陳三峰、攝影編輯黃進如、黃沛聲、電腦排版范錦蓮……期待我們的整合能獲得您的喝采，最重要的是，希望這本書能盡到它傳承薪火、敬謝天地的責任。

林進源　謹序於一九九四年九月

透視民間信仰

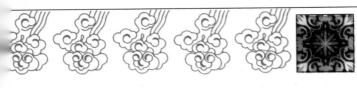

民間信仰這一名詞，對絕大多數人而言並不陌生。在生活裡頭，我們經常會看到它存在的影子——迎神賽會的熱鬧行列，道士或乩童顯靈作法，寺廟建醮大拜拜，乃至善男信女舉香禱告、求神問卜等情景，幾乎隨時隨地可以看見。

事實上，我們所看到的，只是民間信仰的表象，在表象裡頭蘊藏著相當豐富的內涵。這些內涵所具有的價值，絕不是我們只用眼睛就能看到的。當我們見到一個老太婆對著神像叩頭如搗蒜時，或許有人會認爲這是一種迷信行爲，但你可曾深思，老太婆所以會如此虔誠敬拜，必有其發自內心的祈求與盼望，這些盼望與祈求不管是理性或非理性的，就當事者而言，都是在找尋一份精神的慰藉與安定的力量。

人生之可貴，在於處於任何環境中，總能存有一分希望。對希望的祈求，只要是還想活下去的人就都會有，所不同的是，個人滿足祈求與達成希望的方式不同罷了。

梁啓超先生曾說：「人生不過是無量數的個人各各從其所好，行其所望，在那裡動，所好所安，就是各個人從感情發出來的信仰。」我們也可以說，民間信仰是民心自然流露的產物。做爲一種情感抒發的方式，事實上，民間信仰不僅超越了宗教的範疇，也早已逾越信仰客體（如神明）的界限，成爲民眾生活與民間文化不可或缺的一部份。

能用這種較寬廣的角度來理解民間信仰，我們才不致被民間信仰的紛然雜陳、光怪陸離的表象所炫惑。更重要的，了解民間信仰的眞實面貌是不能光用「看」的，因爲信仰的行爲大同小異，但信仰的動機卻是千差萬別的；眾多的神祇同由泥塑木雕，但每尊神祇都各有不同的來歷與神蹟。

本書的產生，旨在協助讀者「透觀」民間信仰的豐富內涵，內容偏重知識的傳達，較少涉及對民間信仰的批判，因爲我們認爲：唯有對民間信仰有更多更正確的知識，才有可能對民間信仰的整體價值，有更深入的瞭解。

陳三峰　謹識於一九九四年八月

目錄

湄州媽祖▶

新港媽祖▼

▼北港媽祖

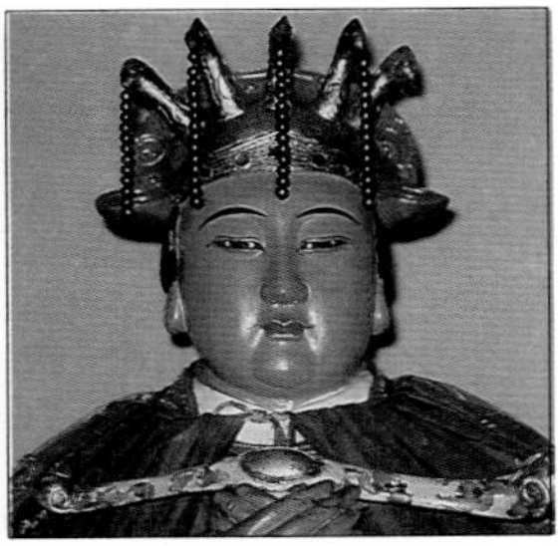

◀元始天尊
▼太上聖母

下篇・民間信仰的祀神

▼地藏王菩薩

觀世音菩薩▶

濟公活佛▼

▼李鐵拐

◀太上老君

▼太乙真人

參、道教神祇……一八六

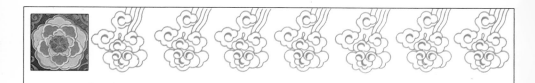

▼西王母

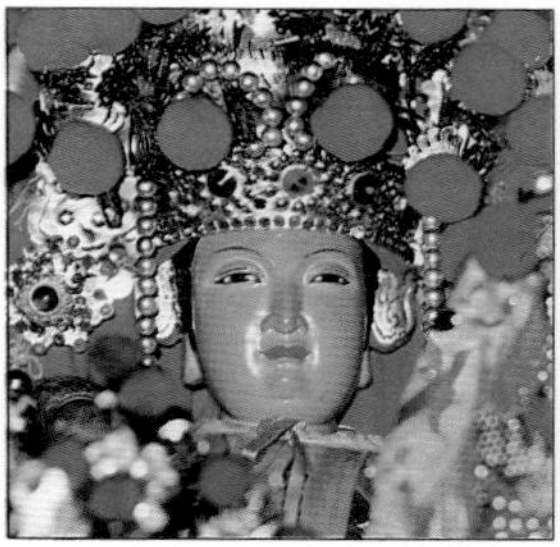

姜子牙▼

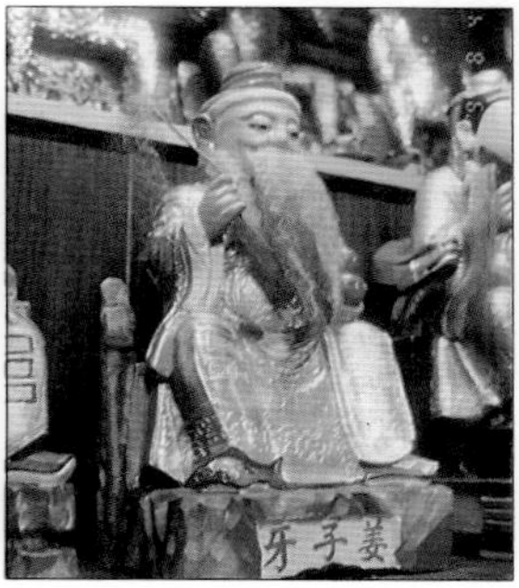

曹國舅▶

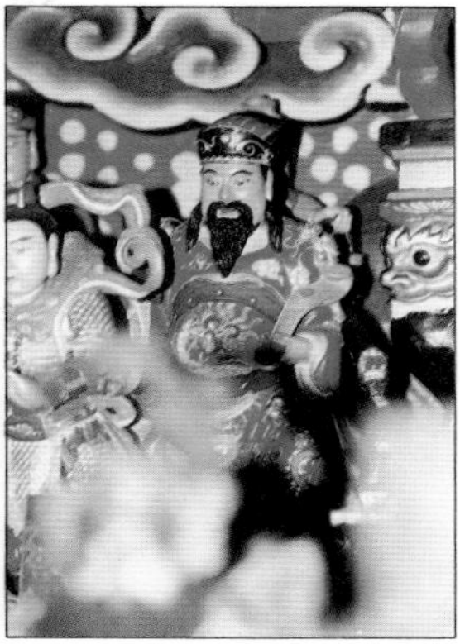

▼保生大帝

◀趙子龍元帥

▼關聖帝君

▼盤古大帝

女媧娘娘▶

註生娘娘▼

▼延平郡王鄭成功

◀齊天大聖

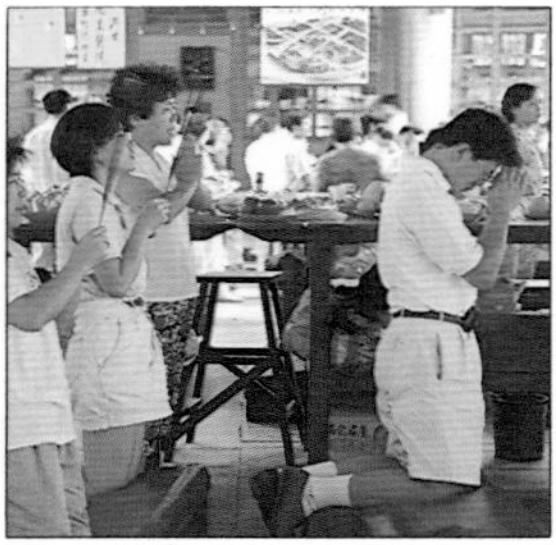

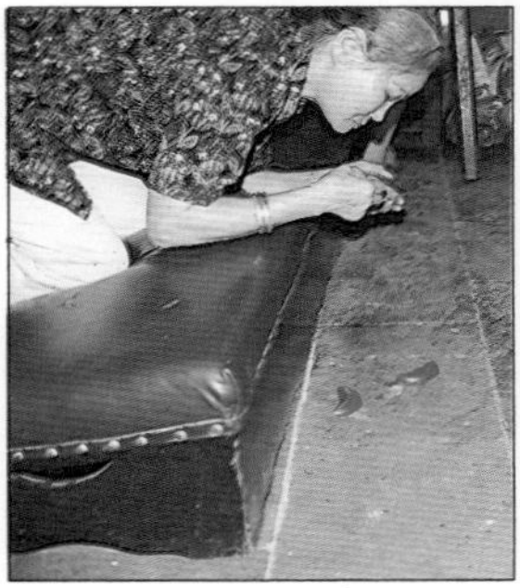

◀三坪祖師
▼中壇元帥

▼范將軍的兒子：大小鬼

義犬公▼

虎爺▶

上篇

台灣民間信仰概述

林進源／主編

唯有透過表象，深入民間信仰的內涵

我們才能眞正論定民間信仰的整體價值

壹、前言

一提起民間信仰，你的腦袋中會浮現什麼樣的景象？是在香煙裊裊的廟祠裡，有人舉香拜拜，嘴裡唸唸有詞，有人磕頭禱告，久久不起，消災解厄的誦經聲不絕於耳，善信們求神問佛的擲筊聲此起彼落；一旁的乩童突然手足舞蹈起來，手執七星劍砍胸擊背，滴滴鮮血汩出，卻面不改色。廟埕上迎神賽會的行列在刺耳的炮聲中已蠢蠢欲動。出巡的神明坐在神轎上，由幾個壯丁扛著，在八家將、七爺八爺等神將部屬的前導下，浩浩蕩蕩的「熱鬧陣」就此展開……。

上述的景象，可能隨時在我們周遭發生，我們從小到大，看得太多了，並一直認定這就是所謂的神明與民間信仰。事實上，民間信仰也確實離不開這些，但我們所看到的，也僅是民間信仰的表象，在表象的裡面，有著豐富的內涵，值得我們挖掘；唯有透觀民間信仰的內涵，我們才不致以「低級化」、「庸俗化」等字眼來論定民間信仰的整體價值，並發現民間信仰也有其存在的價值，進而知道如何去其弊端，發揚其優點，來利益人群與社會。

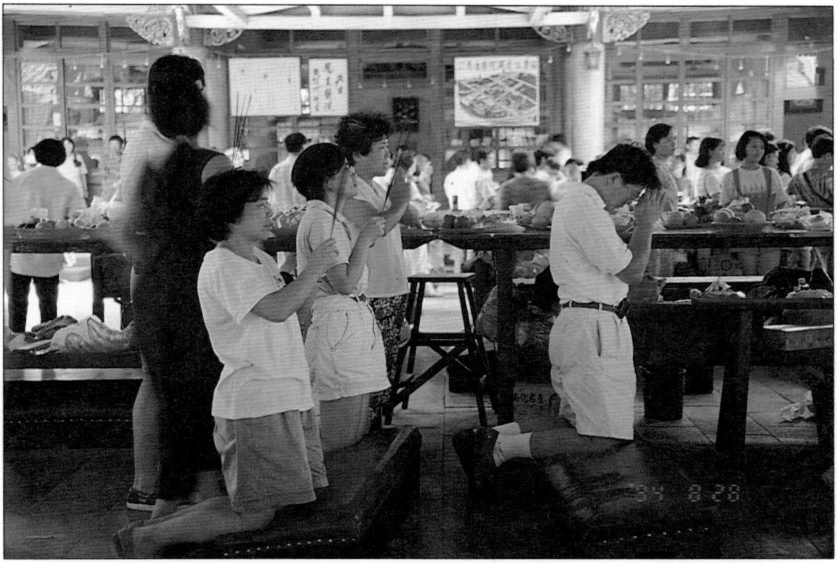

▲在善男信女持香膜拜的表象裡，民間信仰其實有著十分豐富的內涵。

本書的提出，旨在讓人對神明與民間信仰的內涵有較完整的認識與了解。內容敘述偏重知識的傳遞，不在文獻的考證與比較。限於篇幅，也只能做概略性的介紹，無法做較專門深入的探討。

書中所敘述的民間信仰，並不站在某一宗教的立場而論，因爲民間信仰的一大特色是「宗教混合」。從民間信仰中，可以發現儒、釋、道等宗教的影子，其中以道教的色彩最濃厚，但它明顯不是道教，也不等於任何一個宗教。其實，民間信仰也即所謂的「通俗信仰」，是爲大多數人所接受的信仰，並已融匯於民間社會的風俗習慣中。

風俗習慣是民族的第二生命力，是比宗教更具有「先入爲主」的影響力。風俗習慣的傳承可以「知其然，不知其所以然」，而宗教思想的傳播，往往需「知其然，並知其所以然」。因而與風俗習慣融合的民間信仰影響力深植民，實已超越了宗教的範疇，並成爲大多數人日常生活的一部份。故而民間信仰不稱爲「民族宗教」，因爲宗教乃有所「宗」有所「教」，而民間信仰往往無特定的信仰對象與教化軌

▲民間信仰深入風俗習慣之中，
是大多數人所接受的信仰。

則，民間信仰的「信仰動機」往往是莫知其所以然的。

本書所敘述的民間信仰是以台灣地區爲範圍，書中介紹的諸神祇，無論是全國性神明或地方性神明，也以在台灣有奉祀者爲原則。

▲福德正神是民間最普遍信仰的神明(北市同安街口福德正神廟)。

▲民間信仰中的玉女娘娘，寶相莊嚴(北縣淡水關渡宮)。

貳、台灣民間信仰的背景

欲了解台灣民間信仰的由來、演變及特色，就不能不先認識台灣的地理、歷史及文化等背景，因爲信仰是伴隨著人民的生活而產生的，是先有人而後有信仰。沒有台灣地區的開拓史，就不會形成今日台灣的民間信仰。

一、台灣的地理環境

台灣是我國第一大島嶼，位於福建省海岸以東一百五十里處，和大陸之間有台灣海峽相隔。台灣省由七十九個大小島嶼組成，包括「台灣」本島、十三個圍繞本島的其他島嶼和台灣西南邊的「澎湖群島」等。

台灣本島地形略成一狹長的芭蕉狀，南北長約三百八十五公里，東西寬約一百四十三公里，而積近三萬六千平方公里。台灣四周臨海，有三分之二的土地是山脈。中央山脈縱貫南北，分隔東西部。島中河川流路短促，遇有暴雨，極易造成河水暴漲，泛濫成災。台灣屬亞熱帶氣候，夏天漫長而炎熱，冬天短促而溫和。夏秋之間多有颱風。

◀媽祖信仰遍及全台，台灣至少有五百座以上的媽祖廟（淡水關渡宮的北港媽祖）。

由於台灣地區孤懸海外，早期的大陸移民至台灣開墾，必經台灣海峽。過去由於航海技術不發達，船隻簡陋，因而船難頻仍。大陸沿海各省居民因爲政治或經濟之因素，不得不移民到台灣，卻莫不視航海爲畏途。

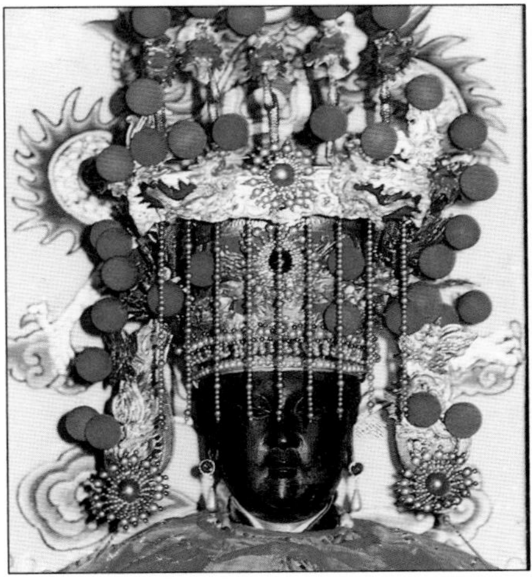

◀新竹市北門街長和宮的「外媽祖」，因長和宮位在新竹市城門外而得名。

爲了避免或對抗非人力所能預測及控制的種種海難，以求得心理上的安定，故禱之於神明，也是很自然的事。因此而產生的海上保護神，如天上聖母媽祖、玄天上帝、水仙尊王、四海龍王及總趕公等，也特別受到民眾的崇奉。加以台灣四面環海，靠海維生者不在少數，所以舉凡與水有關的神祇，都會有一份特別的親切感與敬意。其中的媽祖信仰更是普及全省，目前台地有超過五百座以上的媽祖廟，在眾神明中名列前茅。民間祭典中，有所謂「三月瘋媽祖」，可見善信們

▼台灣孤懸海外，為避免海難，海上保護神如「水仙尊王」等，均極受民眾崇奉(台北市龍山寺)。

對媽祖的信仰幾近瘋狂。

台灣有計畫的開發，至今才不過三、四百年。但因台灣地區山多，氣候炎熱，因此先民開發的過程是十分艱辛的。在先民的眼中，台灣資源豐富，雨量充沛，利於農耕，生活所需不虞匱乏，但因爲「創業惟艱」，欲使台灣由蠻荒之域步入文明之境，所需克服的險難與障礙也就特別的多。

當時的移民最怕的是生病，但也最容易生病。海島型氣候的台灣，瘟疫瘴癘特別容易流行，一旦流行，由於醫療人員不足、技術落後，死亡人數不可計數。因而被視爲「瘟疫之神」的王爺，也特別受到民眾的青睞。全省各地（尤其是西南沿海一地）紛紛興建王爺廟，至今已超過八百座，在眾神明中屬一屬二。王爺廟的普遍存在，顯示了過去台灣人畏懼疾病之苦，尤其憚於瘟疫之災，而這也與台灣獨特的地理環境有著密切的關係。

▲「王爺信仰」與台灣獨特的地理環境有關，全台王爺廟已超過八百座（台南麻豆代天府五王廟）。

台灣是以農立國的。移民之初，是否能在台灣生根發展，農業收成的好壞關係甚鉅。而沒有土地就沒有農業。秉持中國傳統的「社神」信仰，欲在多山的台灣土地中發展農業，對「土地公」的奉祀必然殷勤有加，因而造成台灣鄉陬海隅，到處都有土地公廟。所謂「田頭田尾土地公」，福德正神（土地公）成爲民間祭祀最普遍的神祇，也許是基於民眾心中「有土斯有民」的觀念，爲感謝報答生我們、養我們的台灣這片土地吧！

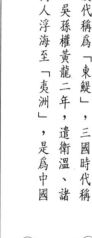

福德正神（土地公）、王爺、天上聖母是民間最受崇奉的三大神祇，從人民信奉祂們的動機與神的屬性中，可以了解台灣的地理環境與民間信仰之間的關係。

◀北市哈密街保安宮的福德正神

二、台灣的歷史背景

依據考古學的研究，台灣原與大陸相連。古代華北各省的黑陶文化及彩陶文化的遺物，在台東八仙洞等全省各地都曾發現過，是一大證據。故在文化系統上，台灣和大陸是屬同一源流。由此也可以證明，台灣最早的原住民並不是從南洋群島遷徙來台的平埔族或今日的山地同胞。

台灣在漢代稱爲「東鯷」，三國時代稱爲「夷洲」。吳孫權黃龍二年，遣衛溫、諸葛直率士兵萬人浮海至「夷洲」，是爲中國經略台灣之始。

隋代初葉，將台灣、澎湖、琉球合稱爲「琉球」，當時屢遣專使或軍旅至台灣安撫與經營。迭經五代十國，變亂相尋，大陸人民轉徙台澎者逐漸增多。到了北宋末年，金人侵擾，宋室南渡，沿海居民率多來台避難。元代末年（西元一三六〇年），在台設置了「澎湖巡檢司」，從此澎湖就隸屬於福建省同安縣，此爲中國當朝正式治理台灣的開始。

明萬曆天啓年間，閩人顏思齊、鄭芝龍由日逃台，闢土地、建部落、安撫土著，使台灣

▲信仰是一種精神上的依托與慰藉。夾雜在芸芸衆生的這一家人顯得份外虔誠。

文化漸開。天啓四年（西元一六二四年），台灣爲荷蘭人所侵據。六年，西班牙人復佔領台灣北部。迄崇禎十四年（西元一六四一年），西班牙人爲荷蘭人驅逐。明永曆十五年（西元一六六一年），鄭成功驅除荷蘭人，以台灣爲反清復明的基地，設官分治，推行屯田制度，奠定政經發展之初基。

清康熙二十二年（西元一六八三年），鄭氏降伏，台灣復歸清朝版圖。至光緒十二年（西元一八八七年），台灣始成爲大陸的行省。光緒二十一年（西元一八九五年），甲午戰爭失敗，翌年台灣割讓給日本，本省同胞受制於異族，達五十年之久。直到民國二十四年，第二次世界大戰，日本戰敗投降，台灣才重歸祖國懷抱。

回顧台灣的歷史，可以了解台灣人處於動盪不安的日子，遠多於昇平之日。早期來台的大陸移民，是爲了避戰亂，拋家棄室、遠渡重洋，生活之艱苦可想而知。當時大陸西南沿海邊防不足，也常受倭寇、盜賊的侵擾。明代以降，西班牙人、荷蘭人及日本人相繼侵據台灣，前後近一世紀。在外族的統治下，台灣人飽受的不平等遭遇，更是罄竹難書。戰亂、外族的侵略加上早期台灣開拓之不易，可以想見當時台灣移民所面臨的艱困處境。面臨著外在環境的逼迫，急需一種精神上的依托與心靈的慰藉，因而加深了移民們對神明的依賴。

乾隆末年，隨著滿清政府解除所有渡台限制的法令，大陸移民激增，使得台灣居民增多，而伴隨著移民而來的神祇，也在台灣落地生根。鄭成功入台時，台灣漢人約有十餘萬人，直到光緒二十一年，移民數已達三百

▲香煙嬝嬝，上達天聽——低頭祭祝的善男信女，心中一片虔誠。

萬。到民國三十三年，更達六百餘萬。短短不到三百年，台灣人口增至六十倍以上。隨著大陸移民的不斷湧入，被奉祀來台的神祇也不斷增多，祠廟如雨後春筍般建立。到了日據時期，全台祠廟已有三千六百六十一座，奉祀的神明種類有達一百七十五種之多。

對於來自故鄉的神祇，移民們自有一份特別的情感，而爲奉祀神祇所建立的祠廟也成爲團結同鄉、及村落互助合作的中心。

三、台灣的文化背景

移民來台的大陸人

，大多爲福建、廣東兩省的人民，隨著他們移植台灣的，也即是大陸的傳統文化。

《台灣府志》云：「台灣僻處海外，曠野平原，明末，閩人即視爲甌脱。自鄭氏挈内地數萬人以來，迄今閩之漳泉、粵之惠潮，相攜負來，率參錯寄居，故風尚略同内郡。」《東瀛識略》亦云：「台民皆徙自閩之漳州、泉州，粵之潮州、嘉應州，其起居服食，祀祭婚喪，悉本土風，與内地無甚差異。」

民間信仰是傳統文化極重要的一部份，因而從移植於台灣的大陸

▲韓愈曾任潮州刺史，潮州人奉之為神明，移民台灣屏東的潮州人，更在當地建立了全台唯一的韓文公廟。

古蹟
昌黎祠
清乾隆初年，有廣東嶺
南人卜居於此。嘉慶八
年（公元一八〇三年）
路武都尉鍾麟江，為紀
念韓文公，特倡建
祠」於此。並聘名師
駐祠講學，故亦可謂為
當時之私塾場所也。民
國三十六年由鍾梅貴先
衛改建，六十八年
又由劉宴章先生等負責
募款重建，於七十年冬
落成。

▲屏東潮州的韓文公廟(昌黎祠)前，懸有一方古意盎然的說明。

文化中，處處可見民間信仰的影響力。譬如潮州人信奉韓文公（韓愈），因而移民台灣屏東的潮州人，也在當地建有全台唯一的韓文公廟宇。泉州人敬奉的保生大帝，其奉祀的廟宇也集中在泉州人分佈最廣的台灣西南部沿海。漳州人的地方守護神開漳聖王廟，集中在台灣北部，也正說明早期的漳州移民定居台灣北部者居多。由所奉祀神明的差異性，大致可判斷來自不同地方的大陸移民的蹤跡，亦可說明民間信仰在區域性文化中，所扮演的重要角色。

參、台灣民間信仰的變遷與發展

台灣的民間信仰由於民族的移動、文化的融合與政權的變遷、三、四百年來，共歷經四階段的變化。

一、分類信仰時期

閩粵移民來台開拓的當時，各氏族由於出身地的不同，信仰對象因有顯著的差別，因此往往爲了宿怨或某種利益之爭，導致以鄉土神明的廟宇爲團結方式的分類械鬥，這個時期是處於分類信仰的階段。

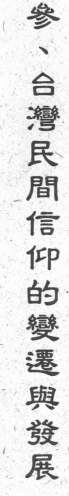

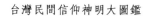

分類械鬥發軔於大陸的姓爭、鄉爭，到了台灣，更有越演越烈的趨勢。最初是爲爭土田水穀之利，終激成氏族間羞忿怨怒之私情。當時台灣的各寺廟，不但爲信仰的中心，更是團結同鄉的集會場所。被奉祀的神明地方色彩十分濃厚，如泉州人崇奉廣澤尊王、漳州人則信奉開漳聖王，粵人則奉祀三山國王，各氏族都有各自擁護的神明。

由信仰方面看出分類械鬥是始於乾隆時代，至道光、咸豐年間達到最高潮，到日據時期才完全終止。在這段期間，民間信仰是隨著分類械鬥而

▼廣澤尊王是泉州人的守護神(台南市廣澤尊王廟)。

▲三山國王是粵人的守護神
(新竹芎林鄉廣福宮)。

▲開漳聖王是漳州人的守護神
(宜蘭五結鄉開漳聖王廟)。

發展的。由於分類械鬥頻仍且激烈，死傷往往百千人計，爲了贏得勝利，滅除械鬥的恐懼陰影，各氏族莫不祈禱神明的護佑，如械鬥勝利，認爲係神靈顯著，莫不擴大奉祀規模，如桃園大園鄉的福隆宮主祀開漳聖王，係道光年間，漳人、粵人反目相向，分類械鬥，當時埔心人主張祈神可得平安，於是祈禱開漳聖王，果然靈應顯著。當時神像祀於游紅春家，因此創建廟宇，由景福宮分香祀之。

而若械鬥失敗，爲撫慰亡靈，也會建廟祀之。如台北縣土城鄉大墓公，係漳、泉分類械鬥，爲奉祀漳人戰死者的靈骨。當時漳人死了八百多人，血流成河，屍體集埋此地，稱爲千人塚。不管戰勝或戰敗，因爲分類械鬥而被奉祀的神明與建造的廟祠不勝枚舉。

分類械鬥根源於各氏族的利益之爭，復因彼此語言、風俗、信仰之不同，而助長械鬥的程度，加深氏族間的隔閡與仇恨。所以欲化解分類械鬥，有賴文化上的融合與統一。其中如何突破分類信仰的限制，尋求信仰的通俗化，是解決械鬥的重要關鍵。

二、信仰通俗化時期

分類械鬥造成人民財產與生命的大量損失，嚴重影響國家社會的進步與發展。在移民生活逐漸安定之後，當時政界人士及地方鄉紳乃出面領導，打破了鄉土色彩與語言的隔閡，民間信仰的祀神，漸漸脫離地方守護神的色彩，逐漸融合而普遍起來，是爲信仰通俗化時期。

歷代當朝皆視祭祀爲國政大事。上至帝王，下及地方官員，都有一定

▼「護國佑民則以祀」，關公當然高坐神位。(新竹芎林廣福宮)。

▲關公麾下大將周倉將軍。(新竹芎林鄉廣福宮)。

▲關公義子關平，也陪祀在側(新竹芎林廣福宮)。

▲清代被視為妖邪怪誕之神的「五瘟大帝」(台南市中正路五瘟宮)。

的祀典制度。官有官廟、民有民廟。官方祀典有一定的制度，民間信仰則較自由。在清朝治理台灣的時期，有鑒於民間信仰的影響力，有計畫地引入宗教政策，俾誘導混亂的民間信仰往常軌發展。當時的做法，是以提倡官廟的祀神，來間接誘導民間信仰。有清一代如《嘉慶會典》規定祀神五大原則：

㈠社稷神祇則以祀。
㈡崇功報德則以祀。
㈢護國佑民則以祀。
㈣忠孝節義則以祀。
㈤名宦鄉賢則以祀。

清代爲政者及社會指導者大都爲儒教徒，

官方與民間之信仰立場斷然有別。官方提倡之神祇，民間未必普遍信奉，而官方禁絕的「淫祀」，民間也不乏虔誠的信徒。如民間崇奉的五顯靈官（五福大帝），卻被官方視爲妖淫怪誕之神。當然，官民之信仰也有一致之處，如對城隍、媽祖及關帝之信仰，兩者殊無二致。

三、信仰動搖時期

日本入據台灣之初，戎馬倥偬，佔領寺廟，對於神像、佛具多所毀壞。首任台灣總督日人樺山資紀上將乃頒發諭告，認爲「寺廟是信仰的結果、德義之標準、秩序之淵源」，因而對於人民的通俗信仰、風俗習慣，是採取任其自然發展，政府不干預的態度。但另一方面，爲了達到長期統治台灣的目的，則積極提倡日本神道，獎勵日本各宗教進入台灣。

民國二十八年，日本在台積極提倡皇民化運動，強制規定人民家家戶戶之正廳奉祀「神宮大麻」，即日本國家神道所崇拜的天照大神，台灣的通俗信仰因而有所改變。

在皇民化運動中對民間信仰衝擊最大的，是所謂「寺廟神昇天」。日人以「杜絕迷信、整頓寺廟」的名義，廢棄了福德正神、開漳聖王、關聖帝君、三官大帝、天上聖母、玉皇大帝、保生大帝等諸多神祇，幸而日本台灣總督府鑒於此舉可能造成民心的激變，乃通飭禁止。再加上日本臨濟宗及佛教各宗的大力阻止，使得寺廟神之昇天，僅在新竹州之一部分舉行，未波及全台。台灣之通俗信仰及寺廟神祇雖經磨折，因而大致仍得以保持不變。

四、信仰發皇變革時期

台灣光復後，台胞脫離日本的統治，民間信仰不再受皇民化運動的箝制，有了較充裕的發展空間。隨著國民政府播遷來台，憲法規定人民有信仰宗教之自由，加上光復之初，因戰後物資缺乏，生活不安定，人民求神託靈之風氣日盛，因而寺廟之重修與新建，一如雨後春筍，迎神賽會、建醮祭祀之活動應運而興。

考台灣民間祠廟之數量，日據時期的民國二十五年之調查，當時台灣的寺廟約三千七百所（不含宗祠、祖廳與

▲斥資重修的新廟，足以顯現信徒的虔誠與敬仰(台南佳里子龍宮)。

小祠）。到了民國四十八年，據台灣省文獻會的調查，全省寺廟的數量已經增至四二二〇所。民國七十六年，依據內政部的統計，全省僅佛道二教的寺廟已達一〇六一八所。

從表面上來看，光復後的民間信仰，呈現一片蓬勃發展的景象，但深入探究，由於政府的解嚴措施，加上二二八事件的陰影，台灣的歷史與文化在大中國意識的包圍下，失去了自我的自主性，也導致寺廟的發展徒具形式，卻缺乏實質的內涵。可悲的是，宗教祠廟成爲統治者的政治資源，使得祠廟的組織與運作趨於功利化，影響了祠廟的正常發展。而政府有關的宗教政策不明朗，新的「宗教法」遲遲不誕生，而已沿用了半個多世紀的「寺廟管理條例」雖經幾度修改，卻仍無法給予宗教界平等合理與充足的發展空間，因而造成祠廟的住持人才缺乏，外行人管理內行人等情況，如此祠廟焉能不導致畸型發展！

晚近，雖然戒嚴令解除，但民間信仰面臨轉型期的社會，與功利化的現實人心結合，所生的弊端更勝。但冰凍三尺非一日之寒，民間信仰的變革與復興，有賴朝野共同努力，找出病因，予以對症下藥。

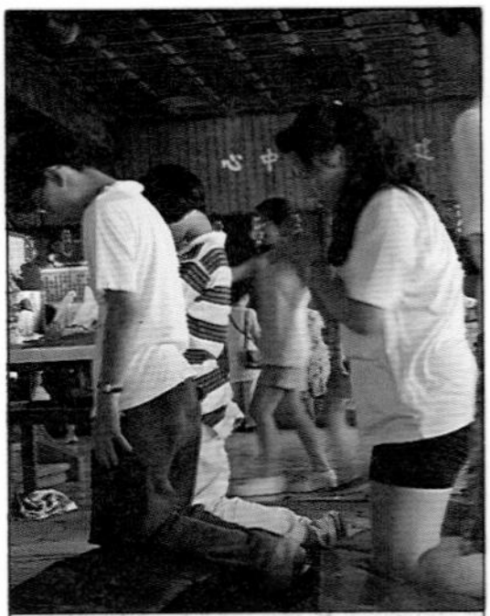

肆、台灣民間信仰的特徵

一、泛靈崇拜

台灣民間信仰的對象，不像基督教、回教等一神教，信奉唯一的眞神，而是天神、地祇與人鬼應有盡有，種類之多令人嘆爲觀止。

從信仰的本質上來說，台灣民間信仰屬於原始的泛靈崇拜。信仰的目的是爲了滿足私人的利益。只要有靈驗，則不論神祇的神格，一塊石頭、一棵大樹、一條狗都可能成爲信仰的對象。

但從神祇在信徒心中的地位來說，則明顯有高低尊卑的區別，如天公（玉皇大帝）被認爲是統治宇宙的最高級神祇，對天公祭典的講究與排場，當然非有應公、大眾爺等低級神祇的祭祀場面所能比擬。而眾神明之間各有職司，風雨雷電、山地河海各有其神，以此而論，台灣的民間信仰應屬於多神信仰。

導致民間的多神崇拜，事實上是與另一個台灣信仰特徵，「有靈驗即興」的現世主義密不可分的。人民不會去探討此神爲何值得信仰，但必然會關心此神靈不靈驗；這個神不靈驗，就去信奉另外一個神，如此必然導

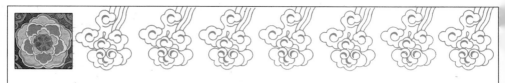

▼「有靈即興」是台灣民間信仰的特徵，只要有靈驗萬物皆可為神(台南市青年路清水寺前的大樹公)。

致——人的需求多，神明也多。供需之間是必需取得平衡的，自然造成了民間的多神信仰。

二、宗教混合

民間信仰的大部份神祇都與儒釋道三教分不開，其中受到道教的影響最大，但並不能說民間信仰即屬於道教。如高雄市的三鳳宮主祀道教的神祇中壇元帥，但後殿卻奉祀釋迦、文殊及普賢等佛像。台北的龍山寺以觀音爲主神，應屬佛教寺廟，但後殿卻是一座娘娘殿，供奉通俗信仰的神祇天上聖母媽祖。在台灣大多數的廟祠中，供奉的神祇少則十來個，多則上百個。其中有儒釋道及其它神祇，甚至也有供奉五教之神的廟宇。

▲宗教混合也是台灣民間信仰的特徵。例如台北市龍山寺，前殿供奉主神觀音（佛教，如上圖），後殿卻供奉天上聖母媽祖（通俗信仰，見下圖）。

▲只要靈驗，不論是哪一個宗教的神明，台灣信徒一律平等奉祀。

導致民間信仰的宗教混合現象，原因之一，是中華民族人民強大的包容性與同化性，除了外來的宗教（如基督教、天主教、回教）在發展之初，因語言、文化、風俗習慣之不同，受到較大的阻力外，對於本土化的宗教，如道教、佛教、儒教等自然很快就接受。所以說，民間信仰即揉合儒釋道三教的表現，應不爲過。

原因之二，仍是根源於民間信仰的現世主義。人民信奉的神祇，只要靈驗，則不論是那一個宗教的神祇，一律平等奉祀。那一個宗教的神祇最能滿足人民的現實需求，也必然最受到歡迎。因而佛教有觀音，道教有媽祖，民間信仰則有土地公崇拜。

三、靈驗即與的現世主義

民間信仰中最受歡迎的神明，並不一定是神格最高的神祇。譬如天公的神格最高，但民眾大都也只在正月初九「天公生」，才會祭祀祂，反之，神格最低的有應公、大眾爺、石頭公等神祇，民眾日夜祭禱，只因爲祂們會賜「明牌」，帶來好運。近十年來，台灣到處可見爲求明牌而建立的小祠

▲天公爐。天公（玉皇上帝）是神格最高的神祇(指南宮凌霄寶殿)。

▲濟濟一室的財神，是最受歡迎的神明(北縣八里五福宮)。

，主要爲追求現實慾望的滿足而導致的信仰，造成了民間信仰的靈驗即興的現世主義。

這種基於現實的利益而衍生的信仰，事實上與市場上的交易行爲已沒有兩樣。從表面上看來，神是賣方，人是買方，此神所賣的能滿足買方的需求，此神香火必然旺盛；反之，則失去了市場，人棄此神，反求他神，這一神不靈驗，又有另一神可以祈求。其實，究其根柢，買賣雙方皆是人一手導演。因爲神不會有損失也不會有所得，輸家贏家都歸於人啊！

伍、民間信仰的神明概念

一、神明的類別

依據民國四十八年台灣省文獻會所調查的全省各祠廟奉祀的主神，共達二百四十九種之多，如果加上近幾十年來新創的神祇及新興宗教所奉祀的神祇，數量恐怕不下三百種。

從這麼多神明來加以分類，可以看出民間信仰的神祇，從最原始、自然神祇，到最高級人格神祇，應有盡有。日人鈴木清一郎在所著《台灣舊慣習俗信仰》中將台灣民間信仰的神祇分爲自然崇拜、人類崇拜及器物崇拜等三大類：

1.自然崇拜：

又可分成無機物的自然崇拜與有機物的自然崇拜。由於人們相信一切天體自然等物都有決定人類命運的特殊精神力量，因而往往就以日月星辰或木石及特殊獸類爲信仰對象。

(1)無機界的自然崇拜：把所有的日月星辰、空中天象都崇拜爲神。舉凡天地日月、山水火海、風雨雷電、天地水、岩石、泥土都各有其

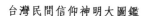

▲人們相信偉大的自然現象背後必有一操控的主宰，並且奉為神明。例如太陽星君(基隆市悟玄宮)。

神祇，甚至包括抽象的時空，如東西南北中有「五方天帝」，及值年值月值日值時的「歲時神」。

民間信仰的自然神祇中大部分都已經被擬人化了。如稱太陽爲「太陽星君」、月亮爲「太陰娘娘」、雷神爲「五雷元帥」、火神爲「火德星君」等，人們信仰的不是自然現象的本身，而是相信自然現象背後皆有一操控的主宰，才是足可敬畏的。

(2)有機界的自然崇拜：又可分爲植物崇拜與動物崇拜兩類。

植物崇拜大都屬樹木崇拜，即所謂的「大樹公」，如榕樹、松樹、荊桐、樣子等。樹高一百公尺以上或壽命久長，並有靈驗事蹟，皆能當作神

▲太陰星君(基隆市悟玄宮)。

靈奉祀。

動物崇拜的種類更多，包括神話中的動物：龍、天狗，以及虎、牛、馬、貓、狗、猴、兔、龜、蛇等人間社會常見的動物。

大部分的動物神都成為某些主神的侍神。如虎爺為保生大帝及土地公的部屬。龜將軍、蛇聖公為玄天上帝的部將。牛爺、馬爺為閻羅王的差役。

2.人類崇拜：

台灣人認為人死為鬼魂，靈魂永不會消滅，其威力之大，足以決定現世人類的禍福，再加上道教、佛教的宇宙觀與人生觀，咸信六道輪迴、三世因果之說，認為人死不為鬼即為神，而神其實也是鬼的一種，神只是鬼中福報較大，威力較大者。本省人的人類崇拜可分爲人鬼崇拜及幽鬼崇拜兩種。

⑴人鬼崇拜：此又可分成祖先崇拜與聖賢偉人崇拜兩種。

民間奉祀神明的正廳必設有歷代祖先的靈位，台灣人相信祖先的亡靈可以庇蔭後代，加上國人愼終追遠的祭祖觀念，對於祖先的祭祀也就特別重視。

聖賢偉人，是因有功於國家社會，造福地方鄉梓，因而被皇帝或玉皇大帝敕封爲神。此類的神祇如孔子、老子（太上老君）、關公（關聖帝君）、朱熹（紫

▲先聖先賢也往往被勅封為神，例如「名成八陣圖」的孔明先師(南投魚池鄉啓示玄機孔明廟)。

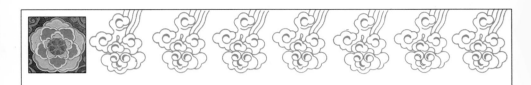

陽夫子）、三忠公（文天祥、張世傑、陸秀夫）、鄭成功（延平郡王）等不勝枚舉。

(2)幽鬼崇拜：簡言之，幽鬼崇拜即祭祀無主的孤魂或厲鬼。

台灣人相信因水死、刑死、戰死或其他橫死的靈魂，都沒有資格接受人帝或天帝的敕封，這些亡靈只能在陰間徬徨遊蕩，而且經常對陽間的人類社會作祟，但祂們也有一種支配人類禍福的力量，能祭祀祂們，也會轉禍爲福。

▲以「正氣歌」名垂青史的文天祥（頂雙溪三忠公廟）

▲為宋室效忠至死的忠臣：張世傑（頂雙溪三忠公廟）

▲揹著宋室末代皇帝投海的陸秀夫（頂雙溪三忠公廟）

流行台灣民間的有應公及大眾爺信仰，即因此種幽鬼崇拜而產生的。

台灣人也相信每一家住戶都有最早開拓的開基祖，稱之爲「地基主」，寺廟也有所謂的「開基神」。

「地基主」是原來居住地的「地主」，如果不加以祭祀，祂們必然怨魂不散，會對後來住進來的人作怪。因此以前民間百姓都會在每月初一或十五，準備供品祭祀，謂之「犒軍」。「開基神」的信奉，也是屬於幽鬼崇拜之一類。

3.器物崇拜：

器物崇拜又稱庶物崇拜，所崇拜的對象爲人工製造的器物，這些器物都與民眾的生活息息相關。如門神、灶神、井神、橋神、路神、床神等。以前的農村社會，把豬圈叫做「豬稠公」、牛圈叫做「牛稠公」，當作繁殖六畜的神來祭

▲能夠「上天言好事，下界保平安」的灶神(新竹竹東五指山灶君廟)。

◀爐公先師也是器物崇拜之神（台中豐原市北龍宮）。

祀。另有所謂「三侯公」，祭祀的是藏米的「米甕蓋」。

二、神界的社會組織

1.神界的行政組織

台灣人心目中的神明，其所居住的世界，也和人間社會一樣，有著嚴謹的組織。玉皇大帝（即天公）被視爲是神界的至尊，就像人間的皇帝統治萬民。民間信仰中的天公，被視爲獨一無二的「統一神」，舉凡幽冥兩界的神鬼都在其統轄之下，涵蓋天神、地祇、人鬼；儒釋道三教及其他各種神仙，不論是自然神或人格神都得聽其指揮。

但神格最高、權位最大的天公，並不似基督教所信的上帝有全智全能，必須要眾神的協助，就像皇帝須要文武百官輔助一樣。因此民間信仰中的神界組織，亦宛如人間政治組織，尤其類似中國古代封建制度下的君權政治組織。在玉皇上帝之下各神，都有高低不同的階級，分別掌理或代爲執行玉皇大帝所分配的職務。茲將神界的行政組織排列如表一（此表參照省文獻會編《台灣省通志卷二人民志宗教篇》）。

表一

- 玉皇大帝（天公）
  - 三官大帝（三界公）
  - 五方大帝
    - 中央行政神
      - 學務：文昌帝君、孚佑帝君
      - 農務：神農大帝
      - 工務：巧聖先師
      - 商務：關聖帝君
      - 醫務：保生大帝
      - 航務：水仙尊王、天上聖母
      - 娛樂：田都元帥
      - 驅邪：托搭李天王、太子爺
      - 除疫：王爺、千歲爺
      - 女藝：七星娘娘
      - 生育：註生娘娘
    - 地方行政神
      - 司法神
        - 城隍爺
        - 土地公
        - 青山王
        - 境主公
        - 東嶽大帝
      - 守護神
        - 延平郡王—台灣省
        - 開漳聖王—漳籍移民
        - 廣澤尊王—泉籍移民
        - 三山國王—粵籍移民
    - 陰間行政神：地藏王菩薩
      - 第一殿—秦廣王
      - 第二殿—楚江王
      - 第三殿—宋帝王
      - 第四殿—五官王
      - 第五殿—閻羅王
      - 第六殿—卞城王
      - 第七殿—泰山王
      - 第八殿—都市王
      - 第九殿—平等王
      - 第十殿—輪轉王

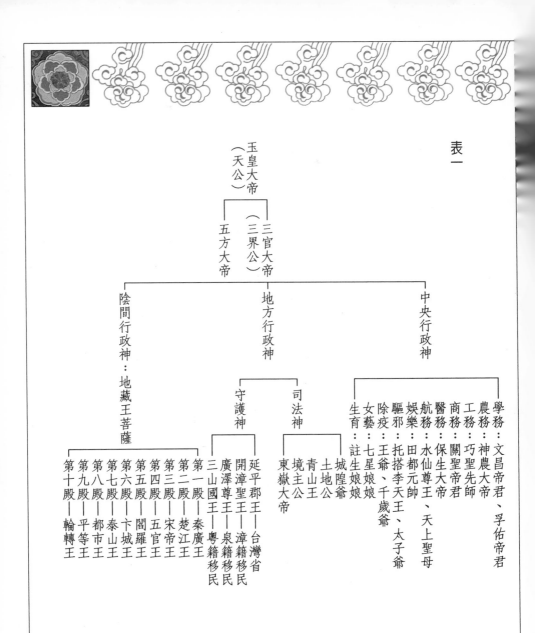

2.神界的軍事系統

人間的社會中，軍事力量是衡量國力的最重要指標，也是維持治安、保護國土不可或缺的，民間信仰中的神界社會，也有一支龐大的「神軍」來維持陰陽兩界的秩序。玉皇大帝等於三軍總司令。其組織見表二（參照董芳苑所著《台灣民間宗教信仰》一七二頁）：

表二

玉皇上帝（最高統帥）

- 王爺（神軍總司令）
  - 天軍—三十六天罡
  - 地煞—七十二地煞
  - 五營神將
    - 中營主帥：壇元帥（太子爺）
    - 東營主帥：羅昆（一說：法主公）
    - 西營主帥：羅燦（一說：劉公）
    - 南營主帥：文良（一說：蕭公）
    - 北營主帥：招賢（一說：連公）
- 城隍（神警總司令）
  - 司官
    - 獎善司、罰惡司、糾察司
    - 速報司、增祿司、延壽司
  - 判官：文判官、武判官
  - 警察
    - 金爺（金將軍）、山爺（山將軍）
    - 牛爺、馬爺、枷爺、鎖爺
    - 七爺（謝必安）、八爺（范無救）

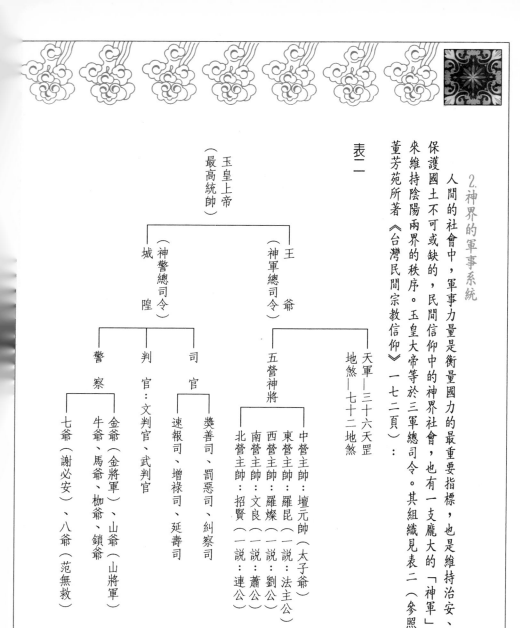

3.神界的社會組織

民間祠廟奉祀的神祇種類繁多，雜然羅列，似無統一，但神祇間的關係並不紊亂，神界的社會組織形同人間的社會組織。神亦有妻妾子女、婢僕、乃至幕僚部屬、賓客等等，恰如古代人類的官署機關一般。從廟祠中顯示的神界社會組織請見表三：

表三

神廟之社會組織

- 主神
  - 統一神
  - 行政神
  - 司法神
  - 職業神
  - 雜神
- 屬神
  - 家屬神（神的妻妾子女）
  - 從祀（神的部屬）
  - 挾祀（神的婢妃）
  - 隸祀（神僕神工之類）
  - 分身（神的代理）
- 客神
  - 同祀（友神或幕僚神）
  - 寄祀（來賓）

台灣的廟祠之神，除佛菩薩及道教之神仙外，如果是男神，一般都有後殿，配祀其妻妾子女。這些家屬神的由來分成二種：一是由好心的信徒呈獻而來，也許是爲了慰藉神的苦悶生活；二是由歷史或傳說而來。

▲城隍夫人，美麗可人。

▲新竹市城隍廟之都城隍爺。

配偶神中由呈獻而來者，如城隍夫人（有第一夫人及第二夫人）、土地媽（土地公的夫人）、王爺夫人、青山夫人（青山王的夫人）、有應媽（或稱聖爺，是有應公的夫人）等。

由傳說或歷史而來的配偶神，有聖王媽（廣澤尊王聖王公的夫人）、尪媽（保儀尊王的夫人）、太陰娘（太陽公的夫人）、閃電婆（雷神爺的夫人）、盤古媽（盤古公的夫人）、西秦王媽（西秦王爺的夫人）、開漳聖王夫人等。

子女神中由呈獻而來者有城隍太子（有一太子、二太子）。由傳說或歷史而來者有玉皇太子、公主（玉皇大帝的子女）、廣澤尊王之太保公、二保公、三保公、四保公及西秦王爺公子等。

從祀神之於主神，等於古代官僚中僚屬與官員的關係。從祀神的主從關係約有兩種。一是神務上的主從關係。二是歷史及傳說上的主從關係。

神務上的主從關係，如城隍爺及青山王從屬——文武判官、牛馬將軍、七爺八爺；王爺的從屬——六位司官；註生娘娘的從屬——十二婆姐；土地公的從屬——虎爺。

歷史及傳說中

▲註生娘娘之從屬：十二婆姐(其中六位帶來好孩子)。

▲註生娘娘之從屬：十二婆姐(另六位帶來壞孩子)。

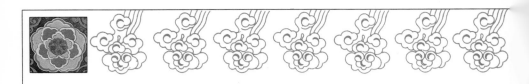

的主從關係，如天上聖母的從屬—千里眼、順風耳；關公的從屬—關平、周倉；開漳聖王的從屬—輔信將軍、輔順將軍；西秦王爺的從屬—田都元帥雷海青等等。

挾侍神亦屬從祀神的一類，但在職務上與主神的關係更爲密切。挾侍神常站立在主神的左右，大都是根據主神的傳說而來，其存在是爲了提高主神的品位。擁有帝號的神祇挾侍有劍監、印監；王爺級的神祇挾侍有劍童、印童；元帥級的神祇挾侍有神童、馬丁；文昌帝君的挾侍爲天聾、地啞；

▲天上聖母媽祖的從屬之一：千里眼（新竹市北門街長和宮）。

臨水夫人的挾侍爲左女娥、右女娥等。

分身神是指主神分成好幾個身之意，是應信徒的需要而製作的，平常與主神一起供奉在廟中，神格和主神相近。每當信徒家有婚嫁喪祭之事時，即可應信徒之請，奉迎至善信們臨時設立的祭壇，以便爲信徒治病消災與降福，「事情」辦妥後，再由信徒送回寺廟。

各廟主神的分身數量不一，少則三、五尊分身便夠用，多則需上百尊分身才足以應付所需。各廟依分身的先後，稱爲一王、二王、三王……，如果是女神，

▲天上聖母媽祖的從屬之一：順風耳(新竹市北門街長和宮)。

▲多聞天金剛(北市木柵指南宮)。

▲增長天金剛(北市木柵指南宮)。

則稱爲一媽、二媽、三媽……
……。

隸祀神並不隸屬於某個主神，在某個範圍內，共同從屬於各神，例如各寺廟的神荼、鬱壘；和各佛寺的彌勒、伽藍、韋馱、十八羅漢、四大金剛等。祂們都是佛道二教的守護神，由於各廟宇都併祀，所以稱之爲「隸祀」。

同祀神是和主神同祀於廟中的神祇，彼此之間並無從屬或其他宗教上的關係。被「同祀」的緣由，不外與寺廟關係者之鄉土神祇、深得當地居民信仰的祭神、與當地多數居民職業有關的神祇及廢廟的祭神等幾種。而隨著信仰的多元化發展，一般善信越來越不能滿足單一

▲廣目天金剛(北市木柵指南宮)。

▲持國天金剛(北市木柵指南宮)。

的信仰，許多寺廟在現實需要的考量之下，被奉祀的同祀神越來越多，因而造成台灣大小寺廟主神與同祀神紛然雜陳，洋洋大觀的奇特景象。

寄祀神顧名思義是暫時寄居奉祀在寺廟的神祇，其被奉祀的緣由，與同祀神並無多大差別。

陸、祀神的祭禮與用品

一、祭祀的目的

祭祀的行爲台灣人稱爲「拜拜」。台灣人的一般家庭，正廳必有奉祀神佛及祖先，除早晚在家裡祭拜外，每逢初一、十五或神佛誕辰，都會到寺廟拜拜。拜拜係敬神求神的表示，即敬神、敬天、尊祖、崇德與報功。茲將拜拜之目的分類如下：

1.表敬的拜拜：

是對神佛表崇敬之意，常於朔望或神佛誕日時行之。表敬拜拜是最普遍簡單的拜神方式，在神佛前，供奉清茶、糕餅、水果，並上香燒金紙即可。也有一切從略，僅向神佛拱手拜拜而已。

2.謝恩與還願的拜拜：

是爲了答謝神明的靈驗，使身體病癒、消災致福等所求如願以償所行的拜拜。行謝恩拜拜時，要履行當初對神明祈求時有關答謝方式的許諾，或請人演布袋戲、歌仔戲謝神、或以供品答謝之。謝神的供品通常都比祈願時所許下的條件爲多。如許願是三牲，還願時增爲五牲。

3.謝罪的拜拜：

是於罹病祈求病癒，或悔改前非時的拜拜。本省人相信人生病是由於觸犯了兇神惡煞，所以需要請「師公」（道士）舉行「祭送」。如果王爺出巡時生病，常認爲是觸犯了王爺，也需舉行謝罪拜拜，以求病癒。過去民間舉行城隍祭時，有些民眾自認有罪，想改邪歸正，常會戴上紙製枷鎖，表示服罪，也是謝罪拜拜的一種。

4.消災避祟的拜拜：

是爲了避免神祇鬼靈的作祟而施的拜拜，在本省民間十分通行。當建

▲祭祀的目的很多，消災避祟的拜拜頗佔多數。

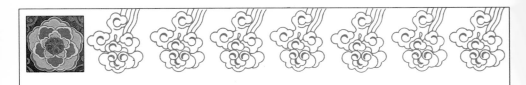

造或翻修房屋，選葬墳墓，因爲風水、時辰不對，而觸怒鬼靈時，都需舉行祭禮，點燒金紙，來避免災殃。

5. 祈求的拜拜：

在個人方面，不外祈求消災降福、富貴長命、闔家安康。團體方面，即祈禱風調雨順，合境平安。祈求是民間拜拜最普遍的現象，善信們對於神祇幾乎無所不求。以宜蘭縣勉民堂的籤詩解共分十項爲例：

(1)訴訟。
(2)功名。
(3)求財。
(4)疾病。
(5)婚姻。
(6)生子。
(7)行人。
(8)陰地。
(9)謀望。
(10)音信。

由此可了解民眾對神明的祈求，不外日常生活的重要事項，也顯示了民間信仰之現世主義的特質。

二、祭祀的儀式

民間祭禮的儀式，不管是祭禮神佛或祖先，通常有一定的程序，儀式有繁簡之差，但程序則大同小異。依照省文獻會所編《台灣省通志卷二人民志．禮俗篇》所載，其內容與方式大致如左：

1.神前擺供牲饌祭品。

2.點燃神案燭台。

3.在神前獻茶三杯。

4.焚香迎神。

5.敬酌第一杯酒。

6.擲杯筊請問神明是否降臨。

7.神明既降，進第二杯酒。

8.有求問神明者，擲杯筊請問神明有否許諾。

9.進第三次酒。

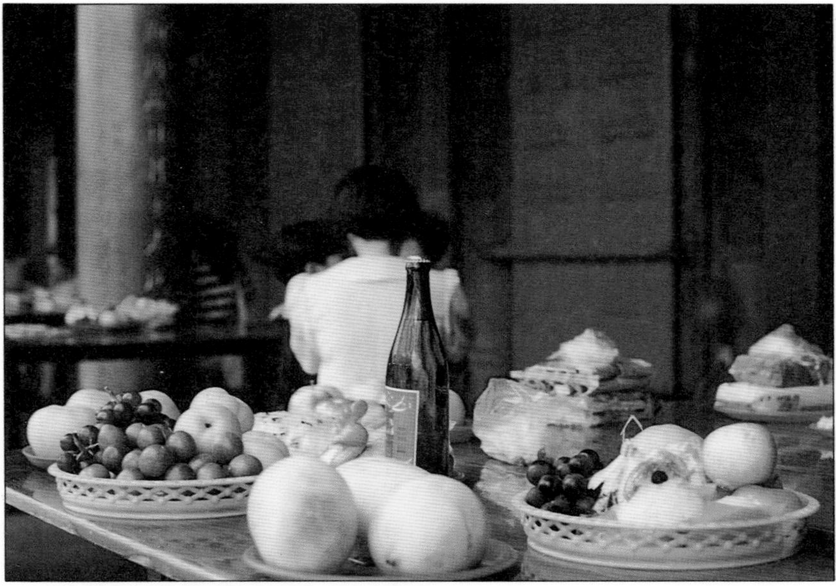

▲三牲四果、米酒金紙是拜拜的主要祭品。

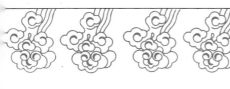

10. 擲杯筊問神明已否餐畢。

11. 雙手捧持金銀紙與爆竹拜供神明查納。

12. 焚燒金銀冥紙，並燃放爆竹。

13. 倒酒潑洒金銀冥紙灰爐上，以防紙灰飛散，謂之「祭酒」或「彥錢」。

14. 禮成收拾牲饌。

祭禮的程序可稍有異動，有將第十一及第十二項置於第九項「進第三次酒」之前。

三、祭祀的用品

祭品是祀神所需之物。善信認爲對神明有所求，必要對神明有所奉獻。人們用祭品來敬神、酬神、慰藉孤魂，賠罪謝禮等。

台灣人認爲神的需求與人沒多大差別，神有食慾、有經濟開銷、有喜怒哀樂，所以能滿足人需求之物，也必能迎合神的需求。民間對神的祭品都屬人日常生活所需之物。當然，由於用途不同，祭品的內容與式樣也不一樣。

(一)供品

1. 牲醴

牲醴是民間最普遍的祭品。人們以生與熟、全與不全、五牲與三牲來區分祭祀的對象。

▲牲醴種類不一，有五牲、三牲（小三牲）、全牲、半牲之別，
不但以之區別祭祀的對象，有時也因經濟的考量來權衡取用。

生牲，即活著的家禽家畜，表示崇高和敬而遠之，常用來祭祀天公等高級神祇。熟牲是煮熟的牲醴，代表親切信賴，用來祭祀角頭廟神明、家神或祖先。

全牲指全豬、全羊、全雞、全鴨等，半牲爲截取動物的某部位爲醴禮。全牲祭祀的神祇，其神格高於半牲所祭祀的神祇。一般的家庭祭祀因經濟因素的考量，都以半牲爲主。

五牲爲民間祭品半牲中最隆盛的牲醴，原有象徵全牲之意，常用於較大規模或高級神明之祭祀。舊時的五牲，包括豬頭（或半豬）、雞、鴨、魚、內臟等，豬頭並附有豬尾，表示有頭有尾之意。晚近因時代變遷，人民生活忙碌，準備舊五牲較爲不便，因此乃以取得容易的雞或鴨、魚、蛋、豆干、魷魚或飲料、速食麵等合成五樣，稱「小五牲」代替之。

三牲是五牲祭品減少二種而成。雞、鴨、豬肉……等的組合，稱爲「大三牲」。另有以豬肉爲主祭品，搭配麵粉製品、蛋類或豆類製品而成的「小三牲」。

七〇年代以降，民眾爲了節省經費，並響應政府節約拜拜的口號，許多牲醴都已改爲麵製品，因而有麵豬、麵羊的產生。事實上，心誠則靈，用麵製的牲醴祭神，神明是不會計較的，因此而得減少動物受到宰殺，也算是一樁好事。

2.菜飯、菜碗、水果、鮮花

菜飯乃膳食的菜料及米飯，用來祭拜祖先。菜碗是將素菜用碗盛裝，用來祭祀釋迦、觀音、彌勒佛等佛教神祇。菜碗大都以十二種爲一組，全都爲乾貨，如香菇、海帶、花生、豆干、金針、麵筋、紅豆、綠豆等，內容並無限制。

水果用來當祭品，計分四果、五果兩種。四果原指四時之果，但後人以爲是祀神必備四種水果。一般來說，除蕃茄、芭樂兩種水果因種子多而硬，不易消化，排洩出來仍可發育結果，而被視爲不潔不能祭神外，其它的水果都可擺上供桌。其中以鳳梨、柑橘、釋迦、葡萄等含有吉祥之意的水果最受歡迎。

五果所指的不全是水果，是代表五種不同含意的祭品。民間祭典的五果，即香蕉、李子、鳳梨、米糕和生仁，分別代表「招、你、來、高、升」，是一句頗受歡迎的吉祥話。鮮花也是頗受歡迎的供品，因花即「華」，寓意華麗；又與「發」諧音，希望越祭越發。

3.茶酒

祭神的茶稱爲「清茶」，長年供置的茶稱爲「神茶」。一般的神明或祖先靈前，都供有三杯清茶。神廟中供的茶，都是六杯至十二杯。供獻日數，一般家庭以每月之初一、十五日

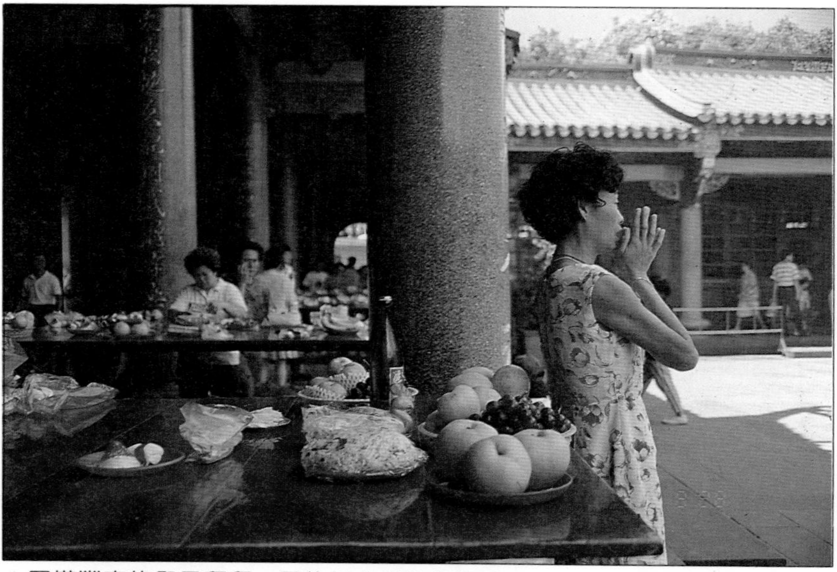

▲置備豐富的祭品拜拜，目的無非是愈拜愈發。

更換一次，亦有每月逢三六九日更換者，更虔誠者，則每日供奉不斷。除了泡好的茶水，也有以茶葉上供者，但僅限室內的神壇佛殿爲主，且屬短期祭品。

民間祭典中，酒是不可少的供品。敬酒的用意，取其又名「美祿」，俗云：「拜神，無酒擲無筊」，意即非獻酒，神祇難以滿意。通常獻酒，拜神需備三或六只酒杯，拜祖先則供七杯、九杯、十一杯不等。台灣從前因交通不便，鄉間每逢拜拜，酒不易取得，即在酒杯放生米泡清水以代之，稱爲「米酒」。

4.其他

民間祀神的祭品林林總總，不勝枚舉。以上所舉的，是較普遍見到的。素菜類的供品，還有「五齋」、「六齋」二項。

五齋即金針、木耳、冬粉、香菇、筍乾，分別代表金木水火土。一般用於祭祀天地、崇祀節孝等特別重要的祭典。六齋是以六種齋食爲主，項目並沒有限制，一般拜天公的頂桌上必得備六齋。

生菜也被列爲民間祭品，但較爲少見。祭神的生菜大都爲芹菜（象徵勤勞）、蘿蔔（即菜頭，象徵好彩頭）、蒜（增加算數能力）、蔥（祈聰明）等。

每逢七夕日及中秋節、民間祭祀七娘媽、織女星及月娘常可看到香水、花粉、針線、鏡子等供品。這些東西是婦女常用的，祭祀的對象僅限於女神。

糕類祭品有米糕及年糕等。因糕點發音與「高」同音，寓意「步步高

▲時代進步，一切講求簡便，速食的罐頭飲料也上了供桌。

陞」。年糕更象徵「年年高陞」。年糕最主要的用途是除夕拜天公。粿類祭品有發粿、龜粿、粿塔等。發粿象徵發財，龜粿有長壽的寓意。粿塔是由數百個、甚至上千個粿所堆成。

五味碗是民間祭品中最普遍、最簡單的一項，只需用五個碗分陳五味即可，碗中的內容並無限制，一般用來祭祀神格較低的神祇，如有應公、地基主之類。

此外，還有麻粩、米粩、油飯、紅蛋、紅棗、桂圓乾、冬瓜糖、生仁糖、紅豆、花豆等常用的祀神供品，由於種類繁多，限於篇幅，無法一一介紹。值得一提的是晚近的現代人，祀神一切講求簡便，並爲了節省時間，速食麵、各類罐頭、餅乾，已成了最流行的供品。

(二)金銀紙

民間認爲金紙、銀紙或其他紙錢，係神界和冥界的通用貨幣，爲祭祀時不可或缺的供品。所以無論祭神或祀鬼，都要焚燒紙錢。祭神的爲金紙，祀鬼的爲銀紙。

金銀紙的由來，《新唐書王嶼列傳》記載：「漢朝以來都用錢與死人一起埋葬。後世漸有用紙錢寓意錢的風俗。這時王嶼就命令民眾

▲祭神用金紙，祀鬼燒銀紙，無論祭神祀鬼，焚燒紙錢都是必要的。

只用紙錢，不必用錢。」由此知道最初的冥錢用的是眞錢。民間另流傳二個有關金銀紙由來的傳說。

據《西遊記》記載，唐朝魏徵被龍王殺死後，唐太宗悲傷過度而昏厥，昏迷不醒的太宗竟神遊冥府。在冥府看到許多受苦孤魂，都是他開拓疆土時殺死的敵軍和土匪。太宗神魂回到陽世後，決定行功德，立即大赦天下，廣召高僧舉行超渡法會，並製作金銀紙供亡魂使用。

▲考季來臨時，供品上還貼上准考證，祈求考場如意。

此外還有一種傳說，謂蔡倫發明紙後，世人卻不知如何使用，蔡倫於是叫妻子裝死。他在紙上繪些圖案。邊哭邊焚燒，不久妻子復生，旁人不知實情，以爲感動神明，得以死而復生，金銀紙因而盛行。

因爲祀神對象的不同，所用的金銀紙錢也有所差別，茲將常見的金銀紙錢之種類、用途、列表敘述於下頁：

種類	名稱	用途	備註
金	天公金	又稱盆金，用於祭祀玉皇大帝及三官大帝。	分尺一、尺三、尺六等不同規格。
	頂極金	玉皇大帝專享的金紙，是金紙中身價極頂者。民間俗稱財子壽金，是農曆除夕及天公生日祭祀時用。	二十五張為一只，五千紮成一縛，稱為一支頂極金。長寬為一尺三寸見方。
	天金	亦稱天尺金、尺金。用於祭祀神格稍低於玉帝的三界公、天上諸神或玉帝部將，也有人以天金取代頂極金。	分頂極天金、大天金、中天金、小天金四種。以千為計算單位，五千為一支，祭祀時都以支為單位。
	壽金	適用於一般性神祇，分大花壽和小花壽兩種。大者用以祭天神，小者祭地神土神。	五十張為一只，五千為一支，祭祀時最少要燒足百。

紙	刈金	通用於任何神祇。分大箔和小箔兩種。大箔用來祭祀神格較高的神明；小箔多用於地位較低的神或鄉土神。	五十張為一束，稱為一千，五千為一支。
	福金	又稱土地公金。是祭祀土地公特有的金紙，也可用來祭祀財神或家庭神祇。	一只十四張，兩只稱一千。二十只成束，稱一支。祭祀最少用一支。
	中金	祭祀玉皇大帝、三官大帝、中壇元帥。	目前已較少見。
銀紙	金白錢	用於祭祀城隍、東嶽大帝、閻羅王等冥王的部將。目前使用的人已漸少。	用黃紙及白紙合成，以黃白各一為一組計算。
	銀紙	分大小銀兩種。大銀用於祭祀祖靈，小銀用於鬼差。	銀紙一般指的是大銀，長四寸、寬三寸。依所貼銀箔的大小分成三種。
	高錢	為民間謝神或喪禮中常用	長約一尺，寬不到二寸，反

與紙錢

	的紙錢。以顏色區分其用途。黃色紙用來祀神，白色專用來拜鬼。南部地方則分五彩高錢用以祭神，黃色或白色高錢用來祭祀亡靈。	覆摺成長方形，可以掛在神桌旁。
金錢	是燒給亡者，供陰間使用的錢。	寬五寸，長八寸或者更大。五十張為一封，稱為一萬。
外庫錢	放逐小鬼時，給予零用的紙錢。	
往生錢	為超渡先人往生之用的紙錢。上印有「極樂世界」、「往生咒」等字樣。	燒往生錢，大都整束連同銀紙焚燒。
本命錢	又稱「買命錢」，即替自己買命之意。是針對命不好的人，用以解運或補運。	長四寸半、寬三寸半，七張或十張為一束，上印有小人圖形或錢幣圖樣。

天庫地庫	敬獻天庭與地府的庫錢，在燒王船的祭典中經常看到。	用金紙成紮，外裹紅印花色紙或白色紙而成，十紮為一束。
婆姐衣	又稱床母衣，用來祭祀床母、註生娘娘、七娘媽等庇佑孩童的女神。	用二十一張方形紙摺紮成圓型狀，十束為一支。祭祀大多以三支為一單位。
經衣	即鬼衣，是給鬼穿的衣服，專門用於祭祀孤魂野鬼。七月中之普渡時最常見到。	長一尺，寬三寸半左右。每一張上面印有衣服、褲子、梳子、鞋子等日常用品。
五色紙	是一種「準紙錢」，其用途有二。一是七夕時燒給七娘媽、註生娘娘、床母等神祇、做為神衣之用；二是作為掃墓之用，以示新祭掃過的墳墓。	五色紙不一定具足五色，一般以黃、白、紅三色居多，五色齊全則加青色和橙色。
陰陽錢	顧名思義，即買通陰陽界的錢，為了祈求本命陰陽	粗黃紙印製，十張稱一刀，上印有太陽及月亮之圖樣。

	福氣。	
前世父母錢	是焚燒給前世父母，做為補償前世債務的錢。	
煞神錢	是用來驅除兇神惡煞的紙錢。	煞神錢上面寫有煞神字樣，另繪有陰間小鬼造形。
車厄錢	馬路如虎口。車厄錢是為了避免車禍而燒的紙錢。屬近代社會一種新興的紙錢。	
轉輪錢	為協助亡靈在六道輪迴中投胎到天道、人道等較好地方而燒的紙錢。	上面繪有輪迴六道，六道中心寫個「心」字，意指，六道是一心所變現。
赦罪平安錢	為了減少罪障、消災解厄、祈求平安的紙錢。	
甲馬	神明開馬，接神送神之用。	上面繪有馬、盔甲和兵士等圖形。

其他	神馬總馬	十二月二十日送神用。	
	燈座	謝神或消災解厄時，裝入六甲（即十二星君、甲馬、天官、總馬、陰陽錢、解運經）。	
	替身	用於消災解厄。祭祀白虎、黑虎、天狗、五鬼等煞神。	

金銀紙錢除了上述種類外，尚有三官大帝錢、神將錢、山神土地錢、火神錢、花公花婆錢、太歲錢、天狗錢、白虎錢、閻王錢、五鬼錢、亡魂錢、七星錢、刑剋錢、路關錢、十二天神錢、添壽錢、改厄錢、門頭户定錢、銅蛇鐵狗錢、白猿錢、流蝦錢……等各種類名目繁多的各式紙錢，因限於篇幅，無法一一介紹。

從以上這些林林總總的紙錢可以看出，較受人們尊敬或畏懼的鬼神都有其專用的紙錢，人民有什麼樣的願望，也必有與之相應，能滿足所求的紙錢。焚燒紙錢是人民表達信仰祈求的方式之一，究其動機，卻無可厚非。

㈢香燭

香與燭是祭祀神明不可缺少的供品。香被視爲可以降神的靈物。藉由裊裊香煙，人們相信可以通達神界，引領諸神下凡。香的種類不少，有線香、長壽香、排香、盤香、環香、檀香等，其中以線香的使用最普遍。檀香由檀木製成，有特殊的香氣，可增加法場的莊嚴氣氛，也被廣泛使用。燃香時，一般點燃三枝爲一束，祭拜完畢，便插入香爐。

俗語說「燒香點燭」，蠟燭也和香一樣，是祀神的重要供品。燭

▲「香」被視為可以降神的靈物，燃香時通常以三支為一束，祭拜完畢即插入香爐。

能散發光明，神前的蠟燭常明，代表神明常駐，神光普照。民間常用的蠟燭，大體分紅、黃、白、青等色，其中以紅色最常見。爲了安全及方便起見，現代的寺廟或居家多已改用燈泡製的燈台代替蠟燭。

㈣爆竹

爆竹爲民間年節喜慶、迎神賽會中必備的民俗物品，也是祭祀神明的備品之一。最初爆竹的產生是用來驅邪。據《歲時記》一書的記載：「西方山中，棲息身長丈餘之山魈（山鬼），人倘遇此鬼必患病，名曰『山臊』。昔人若遇之，可投青竹於火中，竹節轟然爆炸，山臊即驚逃。後人以爆竹代之，以爲禳邪氣之用。」

爆竹流傳至今，其用途已不限於驅邪，舉凡婚喪喜慶、喬遷、剪綵等一切可喜可賀之事，無不需要用到爆竹。

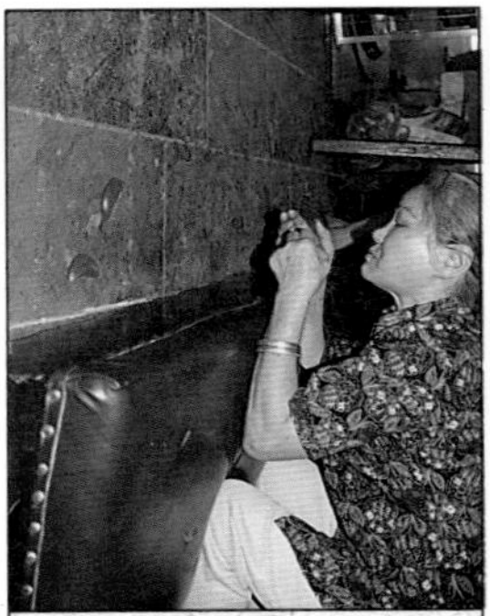

柒、祀神的行為

民間的祀神行爲，最主要的爲對神明的「求問」與「祈禱」，一切求問行爲不管是採用何種方式，都可視爲人與神之間的溝通行爲。人與神之間的溝通，無法像人與之間可採取直接的「雙向溝通」，必須藉助某種媒介物的暗示或代言才能達成。

歸納來說，民間信仰的求問行爲不外個人求問、或透過第三者（仲介人）求問二種方式。

個人求問最簡單的方式，是在神前焚香膜拜，徒手祈禱，如需要具體的回應，則藉由爐丹（香灰）、籤詩、筊示等，求取神明的明確指示。

經由第三者的求問方式，是指通過道士、童乩、尫姨、術士等設壇作法，來了解神明的意思。

台灣人求神問佛，其目的不出安產、求子、求偶、求財、求壽、求病癒、求福、求救、求除災、求勝訟、求決賭等。如果所求實現，就會準備謝禮，酬謝神明的護佑。

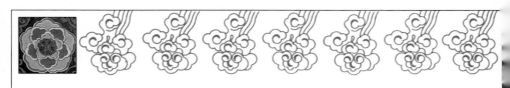

一陰一陽（一正一反）謂之聖筊，表許可。

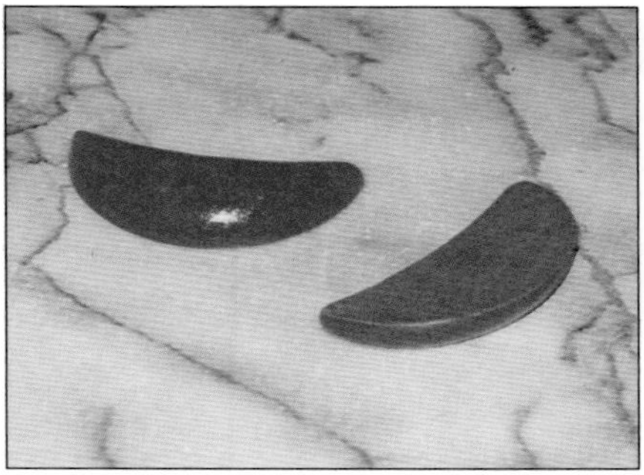

兩面皆陽謂之笑筊，表吉凶未卜。

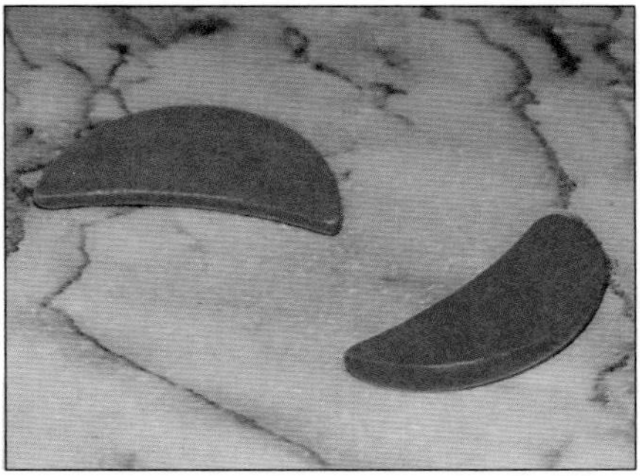

兩面皆陰謂之怒筊，表凶多吉少。

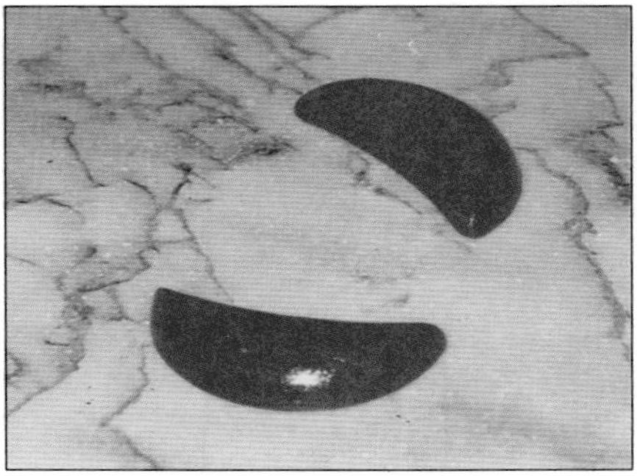

一、擲筊：

擲筊是個人與神溝通最普遍的方式。擲筊的工具稱爲「杯筊」，用硬木、竹頭或塑膠製成，成新月形，兩隻成一對。每一隻必定有一面是平的，另一面降起成半圓型。平的一面稱「陰面」，隆起的一面稱「陽面」。

筊示爲一陰一陽，俗稱「聖筊」，也叫作一筊，表神明同意或允諾信徒所祈之事。過有重大事情或某些特別的祭典，往往需連得三筊以上，才表示可行。如果兩筊都呈陽面，稱作「笑筊」，表示神明冷笑，未置可否，吉凶未卜，必須再請神明指示。萬一兩筊都陰時，表示神明生氣反對，叫做「怒筊」，將凶多吉少。

一般得到「怒筊」的信徒，通常不會因此放棄，會一再擲筊，直到出現聖筊爲止，依照筊示的機率，遲早會出現聖筊。準此而論，與其說信徒渴求的是筊示的滿意答案，倒不如說，是希望藉由擲筊來獲得一份信仰的安定力量。

二、爐丹：

爐丹爲取自香爐中的香灰所製成。香灰是祀神後的餘物，人們相信它具有神性，可以治療疾病、保平安。所以民間有家人生病時，常向神明乞求爐丹以治病。爐丹又可代表「神位」，且有護身的作用。將爐丹裝在一方型的小紅袋子，便是「香火」。台灣人出門在外，或從事危險行業者，都有隨身帶「香火」的習慣。

三、聖籤：

如果筊示是求神行爲的是非題，則求籤應屬選擇題。

民間祠廟中大都備有籤筒與籤詩，籤筒裡的籤枝是用竹片削成，每一籤枝都刻有號數。籤詩內容以七言絕句居多，其數量少則三十六首，多至百餘首，每一首的內容都不同，其中必有一首「上上之籤」或「籤王」。

求籤的方式甚爲簡單，有事相求只要到廟中焚香敬禮，一一將自己的姓名、住址、年齡向神明告知，並表明求籤的目的後，即可用擲筊的方式請示神明求取一籤。神示允諾後，便可按籤枝上的號碼對取同號的籤詩。

籤詩的內容包羅萬象，如台北市劍潭寺的籤詩解即有求財、婚姻、六甲、占病、批信、花喜、問事、功名、月令、灶君、陽居、隱穴、尋人、出外、失物、求雨等十大項。某些寺廟的籤詩旁還印有小字的「解日」，方便民眾了解籤詩的涵意。

▲求籤之後即擲筊求神明示，如為聖筊，即可取籤詩解惑。

籤詩基本上可分爲運籤及藥籤兩類。運籤爲斷定運數、預卜吉凶禍福之籤。藥籤的內容即一帖帖的藥方，這些中藥配製的藥方，有分內科藥、外科藥、眼科及小兒科、婦人科等，宛若一所綜合醫院。

設有藥籤的廟祠，其奉祀的主神大都是與醫療有關的神祇，如保生大帝、神農大帝、天醫眞人、華陀先師等。

藥籤的產生與流行，顯示了舊時代台灣社會醫療設備落後，生病不癒時，不得不禱之於神明的情態。

下篇

民間信仰的祀神

林進源／主編

民間信仰的祀神包括：自然神祇、佛教神祇、道教神祇、古聖先賢、民間俗神、地方神祇

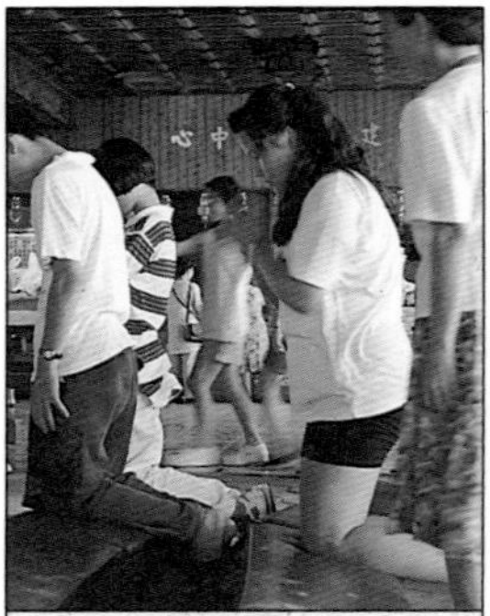

【自然神祇】玉皇上帝

在古代人民的心目中，皇帝是一國之尊，而在善男信女的想法裡，玉皇上帝是天界第一神，至高無上。如果說玉皇上帝是中國人的上帝，一點也不爲過。

玉皇上帝又稱昊天上帝、玉天大帝、玉皇大帝等，民間俗稱天公或天公祖。玉皇上帝起源於上古的天帝崇拜，和國人敬天畏地的思想有密切關係。古人對不可理解的日月星辰、風雨雷電都視之爲神明，並進一步想像諸多自然神之上，總有一位最高的大神，以支配萬物。到了殷商時代、終於誕生了一位最高神，當時稱「帝」或「上帝」，具有極大的權威，能管理自然界與人生界。

到了周朝，由於統治者大力鼓吹「君權神授」，神化了爲政者的統治權，也更凸顯了天帝的權威性。我國歷朝都有天帝的祭禮，但只有帝王才有資格祭祀，直到封建時代結束，民間才開始祭祀天帝。

民間信仰中的第一神玉皇上帝，被道教吸收後，卻不是道教的最高神祇，在祂之上還有道教的最高神——元始天尊。但一般民眾不清楚這些，

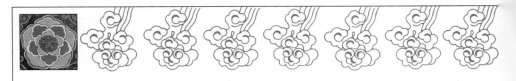

▲玉皇上帝(北縣淡水關渡宮)。

常將玉皇上帝與元始天壽視爲同一神祇。

道教把玉皇上帝的誕辰定爲農曆正月初九，這一天也就是俗稱的「天公生」。由於天公在百姓的心目中是眾神之最，所以祭天公的儀式也就特別隆重。前一天晚上，全家便得齋戒沐浴，設立祭壇，供奉五牲、紅龜粿餅等，全家老少依序上香，並行三跪叩禮。

台灣目前主祀玉帝的廟宇雖然不多，然而舊時民宅在正廳的前樑上，面向正門的中心，必懸有一「天公爐」，居民逢初一、十五、必定燒香，遙拜天帝，由此可見天公信仰早已普及民間。

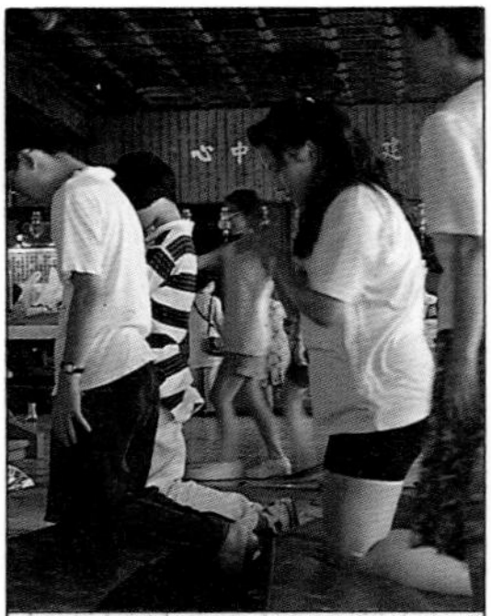

【自然神祇】地母娘娘

地母是相對於天公的神祇，古所謂「皇天配后土」，地母即源於古代的「后土神」，與主宰天界的玉皇大帝相配，被奉爲主宰山河大地之尊神。民間信仰中，常將地母娘娘與女媧娘娘、九天玄女視爲同一神祇，事實上，祂們都有各自的來歷，是不可混爲一談的。

后土神的產生，源於古人自然崇拜中的土地崇拜。《禮記．郊特性》載：「地載萬物，天垂象，取材於地，取法於天，是以尊天而親地也。故教民美報焉。」

人們衣食住行所需的一切皆從地出，因而先民告訴我們要敬奉地神，應加以「美報」，進行獻祭。考「后土」一詞，「后」字初義，指女性。「土，吐也、能吐生萬物也。」（《釋名．釋天》），所以「后土」神即是大地的母親，故亦稱「地母」。

最初的「后土神」原爲男神，但後來受到古代陰陽哲學的影響，認爲天陽地陰，所以到了隋朝之後，逐漸轉爲女神。

「后土」被納入道教之後，成爲道教尊神「四御」中的第四位天帝，

▲地母娘娘(埔里地母廟寶湖宮)。

全稱爲「承天效法厚德光大后土皇地祇」，與玉皇大帝平起平坐。

民間信仰的地母娘娘全名爲「無上虛空地母」、「大道云玄虛空地母」或「無上虛空地母無量慈尊」，在台北的鶯歌、板橋、苗栗後龍、雲林古坑、南投埔里與花蓮市等地都有奉祀的祠廟。農曆十一月十八日爲地母娘娘的誕辰日，但各地祠廟祭祀的日期卻不盡相同。

【自然神祇】

三官大帝

「三官大帝」又稱「三元大帝」，也即台灣地區俗稱的「三界公」。

「三官大帝」的神格在道教中僅次於玉皇大帝，但其職掌卻與百姓利害攸關，主司人間善惡功過之登錄，並握有賜福降禍之生殺大權，等於是天界的司法院院長，因此普遍受到民眾的敬奉。

有關三官的來歷說法頗多。一種說法，三官起源於金、水、土三氣。認爲天氣主生、地氣主成、水氣主化，而將金、土、水配以天、地、水三氣，「用司於三界」而爲三官。另一說法，三官是元始天尊吸收天地靈氣，所生的三個兒子，這三子就是堯、舜、禹。

還有一種較流行的說法，說三官的父親叫陳子檮，又名陳郎。龍王爺的三個閨女自願嫁給陳郎，各生了一個兒子，「俱是神通廣大、法力無邊」。老大是正月十五日生，元始天尊封他爲「上元一品九氣天官賜福紫微大帝」；老二是七月十五日生，他封爲「中元三品七氣地官赦罪清虛大帝」；老三是十月十五日生，封爲「下元三品五氣水官解厄洞陰大帝」。

道教將三官大帝的誕辰日定在三元日，即上元正月十五日、中元七月

▲三官大帝(後排左起：水官大帝、天官大帝、地官大帝)。

十五日、下元十月十五日。台灣民間祭祀三界公，一般均以元月十五日上元節爲主。

道教宣稱三官能爲人賜福、赦罪、解厄，即天官賜福、地官赦罪、水官解厄。由於民眾祈福趨吉的願求更甚於禳災避凶，因而三官中以天官最受歡迎，民眾遂將天官視爲福神。近代，人們又將天官和員外郎（表官祿）、南極仙翁，合稱爲「福、祿、壽三星」。

【自然神祇】福德正神

福德正神即俗稱的土地公、土地爺。在眾多神明中，土地公的神格並不高，但論其知名度與親和力，卻連玉皇上帝、太上老君等高級神明也望塵莫及，本省有句話說「田頭田尾土地公」，可見土地公信仰之普遍。

土地公信仰最早源於古代的土地崇拜。最初的土地神——社神，與後來的土地神——土地公與土地婆，在信仰的本質上有很大的不同，後者的土地神神格極低，只管理某一區域，也作爲村社的守護神，而古代的社神是全國性的神祇，神格要高級得多。

《孝經援神契》云：「社者，土地之神也，能生五穀。」大地能載育萬物，民皆賴之，所以爲報土地之恩德，自古即有爲祭祀社神舉行的「社祭」。循著一般自然神祇的發展趨勢，社神也從抽象的自然神祇演變成具體的人格之神，因而有了形形色色的土地爺產生。凡對某地方有貢獻，或有靈異事蹟，死後能令百姓追祀其德者，都可能成爲某地的土地公。因此每個地方供奉的土地公都可能是不同的。最早的土地公是漢代的蔣子文。

土地公廣受民間信仰，大概因爲祂也是著名的財神，所謂「有土斯有

財」。相傳，土地公當初的宏願是希望人間個個都富有，但因爲土地婆的極力反對，認爲沒有窮人的話，將來自己的女兒出嫁誰來抬轎子？因爲土地婆的堅持，所以世上才有貧富之分。也許因爲這個典故，台灣民眾並不喜歡土地婆，所以在全省數百座土地公廟中，僅在南投草屯慶安廟內配祀有土地婆。

台灣民間相當重視土地公的祭祀，祭祀土地公叫做「做牙」。農曆二月二日相傳是祂的生日，叫做「頭牙」，農曆十二月十六日，爲一年最後一次「做牙」，稱爲「尾牙」。

▲福德正神(台北內湖金龍寺)。

【自然神祇】

城隍爺

城隍是台灣民間信仰中，唯一有階級之分的神祇，掌管全國的稱「天下都城隍」，掌管一省的稱「都城隍」，掌管一府的稱「府城隍」，台地神格最高者原爲台南府城隍，但後來新竹城隍因民間傳說的渲染，而成爲台灣唯一的都城隍。

在民眾的心目中，城隍爺是陰間的司法官，可以彌補人間司法的漏洞，所以備受百姓崇祀。城隍信仰源自古代的庶物崇拜，《周易》載：「城復於隍，勿用師。」「城」係指城壁，「隍」指城塹。《陔餘叢考》稱：「水則隍也，庸則城也。」故知城隍是由「水庸」而來。古代城池具有禦敵、保護人民安全的功用，所以被視爲神明崇祀，也是很自然的事。

最早載於史冊的城隍廟，是三國時吳國赤烏二年（二三九年）修建的蕪湖城隍廟，到了唐代，城隍廟已經很普遍了。明代的城隍爺尤其興盛，這是因爲明太祖朱元璋大封城隍爺，仿造官府階級，設立京師城隍，並統轄各府州縣之城隍，自此城隍廟便有了地方官的色彩。明太祖爲何如此鍾愛城隍，據他所說：「朕立城隍神，使人知畏，人有所畏，則不敢妄爲！

」可知這其中隱藏著政治意圖。

城隍信仰流傳民間，被附會了人鬼之說，以爲仁人烈士去世之後都可以爲城隍。所以各地主祀的城隍爺都可能是不同的人。台地不少城隍廟除城隍爺外，另配祀有城隍夫人，這些城隍爺的太太有時不止一個，大都是好心的民眾自動獻納的。

城隍是陰間的父母官，所以城隍廟除主祀城隍爺外，另配祀有文武判官，牛頭馬面、七爺八爺等，氣氛陰森恐怖，儼然是地獄設在人間的官府。台地城隍廟的祭典日期不一。其中以台北霞海城隍祭最有名。

▲都城隍爺及夫人
（新竹市城隍廟）

【自然神祇】

五嶽大帝

民間信仰中的五嶽大帝，也就是五嶽神，源於古人自然崇拜中的山川崇拜。依《封神榜》之說，五嶽大帝即東嶽泰山齊天仁聖大帝、南嶽衡山司天昭聖大帝、北嶽恒山安天玄聖大帝、西嶽華山金天順聖大帝及中嶽嵩山中天崇聖大帝。在台灣，除苗栗縣有一座五嶽大帝廟外，其餘的七座皆爲東嶽大帝廟，可見東嶽大帝最受民眾敬奉。

東嶽泰山在今山東省，又名岱山，被譽爲「五嶽獨尊」。泰山主峰最高一千五百四十五公尺，在五嶽中僅列第三，但因名氣大，因而中國古代的統治者皆假泰山舉行封禪祭（古代君王舉行的一種隆重祀典）之禮。

泰山人神化後，被認爲是天帝之孫，能「主召人魂魄」，因爲「東方，萬物始成，知人生命之長短」；後來成了「泰山府君」，並統領「群神五千九百人，主治生死，百鬼之師也」。這時的泰山神已儼然成爲陰曹地府的最高主管。

東嶽大帝被道教吸收後，說他是盤古的後裔，初名爲東華帝君，後成爲東嶽帝君。並有一位女兒，即赫赫有名的泰山娘娘碧霞元君。東嶽大帝

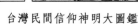

▲東嶽仁聖大帝黃飛虎(新竹市東寧宮)。

可謂中國土產的「閻羅王」，後來與佛教的陰間理論與閻羅王結合，二位冥府大神並供於東嶽廟中。儘管閻羅王的名氣較大，但在東嶽廟中，東嶽大帝卻端坐在殿中央，作爲十殿閻王的上司。

民間信仰認爲東嶽大帝住在東嶽宮，此宮位於北方第九層天，職司天下賞善罰惡。東嶽大帝廟在台灣並不多見，最著名的當屬台南東嶽殿。據說前清時代，常有鄉民抬著無頂的轎子，到嶽帝前爲冤魂申冤，因爲嶽帝審判公平，所以深得民眾敬畏。

【自然神祇】文昌帝君

被認爲主司考運的文昌帝君，科舉時代頗受讀書人敬祀，民間合關羽、呂洞賓、朱衣天子（朱熹）、魁星與文昌帝君爲「五文昌」。

文昌帝君又稱梓潼帝君。祂的來歷有二。一說文昌本是天上的星宿，爲北魁（魁星）之上六星的總稱，即《史記》天官書中的「頭魁載匡六星」：一上將、二次將、三貴將、四司令、五司中、六司祿。道教將其尊爲主宰功名利祿之神，又叫「文星」，民間俗稱「文曲星」，「職司文武爵祿科舉之本」，因此受到讀書人的崇奉。

另有一說文昌帝君爲晉代的張亞子。張亞子又名張惡子，對母親非常孝順。在晉朝做官，不幸戰死。死後百姓爲他建廟奉祀，人稱「梓潼神」。到了元代，受仁宗皇帝敕封爲「輔文開化文昌司祿仁帝君」，簡稱「文昌帝君」。

在一些文昌祠中，在主神文昌帝君的兩側，常塑有兩位侍童，即「天聾」、「地啞」兩童子，爲什麼會有這兩位童子？據說這是爲了防止天機洩露，因而特意安排兩位聾啞人，使「知者不能言，言者不能聞。」可見

古代的科舉考試，仍不免有考題洩露或作弊等考場黑幕的存在。

隨著舉時代的結束，民間祭祀文昌帝君的風氣也逐漸式微，但在崇尚古風的客家地區，文昌帝君仍深受民眾敬奉，每逢農曆二月三日誕辰日，善男信女常帶著蔥、芹菜、蒜及桂花到文昌殿前，祈求帝君賜予子女聰明（蔥）、勤學（芹）、會打算盤（蒜），以及貴氣逼人（桂花）。由此也可了解爲人父母望子成龍，望女成鳳的心理。

▲文昌帝君(北縣淡水關渡宮)。

【自然神祇】玄天上帝

玄天上帝被列爲全省十大神祇之一，全省主祀的廟宇近四百座，原爲天地五方中最尊貴的五方之神，民間卻視爲屠宰業的祖師爺，也是航海業的守護神。

玄天上帝又稱眞武大帝、北極大帝、開天大帝等，民間俗稱「上帝公」或「上帝爺」。玄天上帝最早源於原始的星辰崇拜與動物崇拜。謂二十八星宿的北方七宿，其形如龜蛇，故稱北方七宿爲玄武。後來演變成龜蛇，即玄武。

《楚辭．遠遊》洪興祖補注：「玄武，謂龜蛇。位在北方，故曰玄。身有鱗甲，故曰武。」故知「玄武」即古代神話傳說中的北方之神，其形爲龜蛇相纏。宋．趙彥衛《雲麓漫鈔》所載：「繪其像爲北方之神，被髮黑衣，仗劍蹈龜蛇，從者執黑旗。」這時的玄天上帝已蛻化爲人格神，龜蛇反變成祂足下的交通工具了。

玄天上帝成爲道教神祇後，被視爲「北天」的主管，民間相信「南斗註生，北斗註死。」所以被屠宰業視爲行業神。另有傳說玄天上帝原爲一名屠夫，有一天，突然頓悟，放下屠刀，入山修行，爲示決心，乃自剖身體，取出臟腑投棄海中。後皈依觀音座下，成爲天神。而他所棄的臟腑竟化爲龜與蛇爲害人間，後來才被玄天上帝收服。

至於玄天上帝爲何成爲航海之神呢？據《後漢書．王梁傳》載：「玄武，水神之名。」《重修緯書集成》卷六《河圖帝覽嬉》亦言：「北方玄武之所生……鎮北方，主風雨。」具水之德，能呼風順雨的玄天上帝，成爲航海業的守護神，也就沒有什麼值得懷疑了。

▲玄天上帝(台北哈密街保安宮)。

【自然神祇】南極仙翁

《西遊記》廿六回，記載孫悟空曾諷刺福祿壽三星爲奴才，這是爲什麼呢？豬八戒在一旁解釋說：「既不是人家奴才，好道叫人『添壽』、『添福』、『添祿』？」這裡爲人添壽的壽星即是南極仙翁，雖遭孫悟空辱罵，卻大受民眾歡迎，因爲誰不希望長命百歲？

壽星源於古代的星宿信仰，百姓相信日夜盤旋在人頭上的種種星宿，能登錄人的善惡功過，決定人的未來命運。其中南斗星主司出生，北斗星主司死亡。南斗星即南極老人星，也即壽星。民間尊稱爲「南斗天神」或「南斗星君」；北斗星即北極星，又稱北斗星君，有謂即玄天大帝。

《史記封禪書》云：「壽星，蓋南極老人星，祀之以祈福壽。」對於司人壽考的壽星，不僅百姓崇信之，連朝廷天子也篤信不疑，因而自周秦以降，歷代皇朝皆將祀壽星列爲國家祀典，至明朝始廢。但民間仍盛行不輟。

壽星後來被大量的民間小說引用，變成一個長頭大腦門的老神仙，這時的壽星已徹底人格化，成爲民間熟悉的南極仙翁。

▲南斗星君(右下為北斗星君，均攝於北縣鶯歌鎮孫臏廟)。

壽星常和福、祿二星一起出現，他們代表福運、官祿、長壽，是人類最普遍的三大希求，也是最受人們歡迎的三位神仙。相傳農曆五月十五日左右是天上南極老人星出現的時候，以前有不少人到了這段日子，每到夜晚莫不引頸仰望，希望一睹南極壽星的風采，好爲自己及家人祈求增添福壽。

目前台灣不少寺廟都配祀有南斗星君，其中宜蘭冬山振星堂更奉南斗星君爲主神，每年九月初三都會舉行盛大的慶典。

【自然神祇】

魁斗星君

在古代科舉掛帥的社會裡，能庇佑考運亨通之神都特別吃香，在民間信仰中，除了文昌帝君爲民眾熟悉外，另外一位魁星爺也十分討民眾喜愛。據史書所載，在古代科場上，曾盛行出售泥塑小魁星，應試者一窩蜂購買，據說可以幫助金榜題名。在民間，讀書人也常將魁星爺的神像帶在身上，以求日夜保佑。

與文昌帝君一樣主文運，文昌帝君的形像斯文，魁星爺的長相卻與讀書人大異其趣，其典型形像爲一赤髮藍面之鬼，右足立於鰲頭之斗上，左腳跛起踢星斗，右手握筆，左手執墨。

唐宋時，皇宮正殿的台階正中石板上，雕有龍和鰲（大龜）的圖象，考中的頭一名進士按規定要站在鰲頭上面，故稱「獨佔鰲頭」。在台南大天后宮廟廷前簷下也留有鰲頭，想必也是昔日高中狀元者須發證書的所在。

魁星爺的由來，源起於星宿信仰。魁星爺即二十八星宿的奎星，爲北斗第一星。奎星被古人附會爲主管文運之神，奎星也改名爲魁星，因「魁

▲魁斗星君(台北市龍山寺)。

」與「奎」同音，並有「首」之意。所以，科舉考試第一名稱狀元，也稱「魁甲」。

民間傳說，臉上長滿斑點又跛腳的魁星爺，應科第被錄取後，皇帝當面殿試，問他為何一臉麻子？他答以「麻面滿天星」；又問他腳是否跛了，則答以「獨腳跳龍門」。皇帝認為他對答如流，於是錄取了他。

在台南孔廟裡，有座魁星塔專祀魁星爺。一般魁星爺神像均設在文昌祠，與五文昌並祀。

【自然神祇】太陽星君

和地球相距約一千五百萬公里的太陽，在古人的心目中，是天上最大的「物體」。對缺乏天文知識的古人來說，太陽無疑是宇宙的中心，賜予人類光明與熱能。萬物得以安存，是不可能「暗無天日」的，因而崇拜太陽公公，視爲神明而加以祭禱，也是很自然的事了。

太陽星君，台灣人稱爲太陽公、太陽菩薩，我國古代稱日神或大明之神。有關太陽星君的祭典，早在炎帝神農氏就開始了。《拾遺記》記載「炎帝神農築圓丘以記朝日」；從此以後，帝堯命官以春分朝日、秋分餞日。朝日之禮，每個朝代都重視，相沿直到清朝。

民間傳說中的太陽星君，位於東方第十層的天上，主司日之運轉，賜予大地光明，使萬物孳生不息。爲了感謝太陽星君，人們向東方膜拜，並以太牢之禮祭之。

古代人不了解行星與恆星間自轉與公轉的關係，認爲日之運轉是由一個太陽星君所控制，這時的太陽神已成了人格化的神祇。古書亦曾記載「日有三足金烏，故稱日爲金烏。」金烏又稱金鴉，將太陽視爲三隻腳的金

色烏鴉，也可見古人豐富的想像力。

「日頭赤焱焱，隨人顧性命。」這是一句形容太陽赤烈，人人自顧不暇的台灣諺語。日正當中的太陽爲何如此刺眼呢？相傳太陽本來是一個天生的醜男子，因不願世人看清祂的面孔，所以誰看祂，就要用針刺誰的眼睛。又傳說太陽本來拿著一隻刀，看到月亮帶著數支針，後來互相交換，太陽才有針可以刺入。當然這只是傳說，屬無稽之談。

▲太陽星君(埔里地母廟寶湖宮)。

台灣主祀太陽星君的廟宇有六、七座，每年農曆三月十九日是太陽星君的生日。

【自然神祇】

太陰星君

有太陽星君，當然就有太陰星君。我國古代稱爲月神，或夜明之神，台灣人稱之爲月娘或太陰娘娘。同樣是源於原始信仰的天體崇拜，也都給人帶來光明。太陽充滿陽剛之氣，月亮則展現陰柔之美；其陰晴圓缺的形狀變化萬千，以及表面上不規則的黑點，更增添了幾分詩意與神秘，也使人們賦予更多的想像與神話。

傳說中的月神最出名的當屬嫦娥。嫦娥是后羿的妻子。據《淮南子》記載，后羿曾用弓箭將天上的十個太陽射了九個下來。此舉惹怒了天帝，因爲所射下的九個太陽都是天帝的兒子。天帝一氣之下，將后羿和妻子嫦娥貶到人間，不得升天，但夫妻倆還是想回天界去。

聽說西王母有不死之藥，后羿便去拜見西王母。西王母把藥給了他，誰知嫦娥有私心，竟獨吞了仙藥。飄飛上天的嫦娥怕受到天界眾仙的取笑，只好奔往月亮，這就是「嫦娥奔月」的由來。嫦娥後來成了月亮的主人，即是月神娘娘。

對於月亮中的暗影，古人發揮高度的想像力，想像成兔子、桂樹和蟾蜍。如古書所言「月中有玉兔搗藥，故月云玉兔。」「月中有丹桂蟾蜍，故稱桂輪銀蟾。」因太陽、地球、月亮並列成一直線所造成的月蝕或日蝕，古人更認爲是月亮生病了，因而自古即有救日月的儀式。

台灣民間相信小孩以手指月或罵月亮，會被月亮割傷耳朵，因爲傳說月亮有一把利刃（據說這是和太陽星君交換而來的）。

農曆八月十五日中秋節，這一天也是太陰星君的誕辰日，昔日人民除了焚香膜拜外，入夜時分，也是一家人團聚的美好時光。

▲太陰星君(埔里地母廟寶湖宮)。

【自然神祇】水仙尊王

台灣民間信仰中，與水有關的神祇，計有水仙尊王、水官大帝及水德星君等。水德星君屬於自然崇拜的神祇，水官大帝是民間俗稱「三官大帝」、「三界公」之一的大禹。水仙尊王是由自然神演變爲人格神，台灣各地的水仙公廟主奉的神祇共有五位，以「大禹王」爲主神，另並祀「伍子胥」、「屈原」、「王勃」及「李白」等古聖先賢。

早期的台灣，由於航海技術落後，船難海難時有所聞；明清以降，大陸人大量移民台灣，海上交通頻仍，加上台灣是海島，靠海維生者人數眾多，爲了避免船難發生，禱之於神明，是很自然的事。除了天上聖母媽祖是航海人的守護神外，水仙尊王也頗受航海者的青睞，祭祀甚勤。

水仙公廟的五位神祇是如何配對在一起，不得而知，然而這五位神明其一生都與水有不解之緣。

大禹是古時帝王，因爲治水有功而受後人愛戴。伍子胥是春秋楚國人，謀國忠誠，卻遭人陷害，最後自刎浮屍於江中。屈原是戰國時代人，正欲施展抱負時卻因奸臣讒言，被貶長沙，有志難伸，傷時憂國而投汨羅江

自盡。才華洋溢的王勃，天嫉英才，二十八歲就溺死於南海。李白則是公認的天才詩人，竟因撈水中之月而溺死。

傳說早先往來台灣與大陸的船隻，在海上遇到暴風雨，如果「划水仙」就可脫離險境。郁永河在「採硫日記」中記載：「划水仙者，眾口齊作鉦鼓聲，人各挾七箸，虛作掉船勢，如午日競渡狀；凡洋中危急，不得近岸則爲之。」

▲水仙尊王大禹(台南市正德街正德堂)。

【自然神祇】水德星君

顧名思義，水德星君是與水有關的神祇。在水神之中，水德星君不同於水仙尊王、四海龍王等由古聖賢昇化成神的水神，祂是屬於自然崇拜而生的神祇。

在國人的星宿信仰中，將日、月、南北極、北斗、水星、火星等星宿都視爲神祇，水德星便是因爲水星而生的星宿信仰，後來逐漸轉變成水神信仰。

水之爲物，令人既愛又怕，人類生存，一天都不能缺乏水，但水火無情，一旦釀成災害，往往一發不可收拾。對於不可測的水，人們畏之，敬之，進而將祂視爲神明來祭拜，無非是希望減少其禍害，而增加其利用。水是火的剋星，因此自古以來便有人奉祀水德星君，以防回祿之災。水德星君常被安置在水源地附近，也是希望水資源不虞匱乏，避免水患發生的意思。

早期的台灣，以農業爲主，水資源攸關民生甚鉅。所以台灣早期開拓的水圳，如八堡圳、曹公圳邊，都祀有水德星君的牌位。這是祈求風調雨

順，也是感謝水神的恩德。

台灣的水德星君祭典日期不一，農曆正月十六及廿一日都是祂的例祭日。美濃代天水德宮的水德星祭則於十月十五日下元節舉行。

雨水原本豐沛的台灣，近年來卻飽受乾旱之苦。因此，這個時候祭拜水德星君，與其將其視爲不可知的神明來敬奉，不如藉此喚起更多人懂得飲水思源，珍惜每一滴水的用途，相信這才是祭祀水德星君的眞正意義。

▲水神(又稱水天金剛，北縣淡水關渡宮)。

【自然神祇】火德星君

民間信仰中有關火的神祇有二位，一是火德星君，另一是灶君爺（灶神）。灶神存在於炊食之地，火德星君則存在於任何有火之處。

火德星君即是民間俗信的火神。傳說中的火神有好幾位。其中以祝融、燧人氏及回祿（吳回）最出名。此外還有一個專門管理火種的小火神關伯。

祝融氏即赤帝，爲上古三皇之一，曾幫助黃帝擊敗回祿。因祝融氏曾教導人民使用火，驅走野獸與鑄造金屬品，因而被尊爲火神。

被視爲火神的「祝融」可以成熟萬物，但一旦失控，成爲「祝融肆虐」，可就禍害無窮了。

燧人氏俗稱「赤精子」，因發明鑽木取火而成名。相傳他出生在石唐山之陽、皮膚、頭髮、鬍鬚都是紅色的，即連用來蔽體的樹葉也是紅色的，傳說他是掌管用火之神。

至於「回祿」成爲火神的由來則不得而知。只知「回祿」是古代傳說的火神名，如《左傳．昭十八年》：「禳火于玄冥、回祿」，註：「玄冥

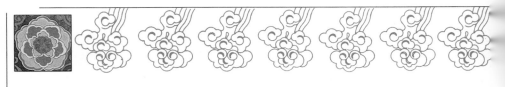

，水神；回祿，火神，」成語「回祿之災」即指火災。至於關伯，傳說是原始社會五帝中帝嚳的長子，專司管理火種，稱爲「火正」。

由於火與民眾生活息息相關，傳統社會對火神的祭祀頗爲隆重，農曆六月二十三日傳說爲火德星君誕辰。光復以後，祭祀火神的習俗漸不受重視，今只剩少數消防隊仍祀火神以防火災發生。本省祀奉火德星君的廟宇計有六座，分布在台北市、宜蘭、新竹、台南、鳳山各縣市。

▲火神（又稱火天金剛，北縣淡水關渡宮）。

【自然神祇】雷公、電母

有句台灣諺語：「歹心被雷撞（音爭）」，這是說做壞事會被雷公打死。台灣人也相信糟蹋五穀的人必遭雷擊；顯然，雷公在民間信仰中，已不只是自然界的神祇，更是公理與正義的象徵。

雷公即雷神，又稱雷師、雷神爺、雷公鳥，是由自然現象而衍化的神明。古人對「迅雷不及掩耳」的打雷與閃電現象，發揮了高超的想像力，形成各式各樣的雷神，綜合古籍所載，雷神的身形或爲龍，或爲六畜、力士；其臉形或爲人頭、豬頭、猴頭等等，其中最突出的是猴臉與尖嘴，是標準的「雷公臉」。

雷公後來也被擬人化了。被道教吸收後，雷公已不只是孤家寡人一個，爲了統籌眾多雷神，天界更有雷神的辦公所在——玉府五雷使院（即雷部）。據說諸雷神的總司令，即是大名鼎鼎的黃帝（軒轅氏）。

電母又稱閃電婆，《封神演義》說成是金光聖母。民間傳說中電母的來歷，也正說明了爲什麼打雷之前會先有閃電。傳說雷公視力不佳，有時候不免會誤殺好人。曾經有一個婦人把沒有用的冬瓜種子丟掉時，突然風

雨交加，一聲雷鳴，就一命嗚呼了。原來雷公將冬瓜種子看做是白米，以爲這位婦人不惜五穀所以誤殺。後來雷公的妻子電母才跟隨在雷公身旁，先做照明任務，讓雷公看清楚是非善惡。

台灣主祀雷公的廟宇僅有二座，其中以中和的霹靂宮最爲知名。閃電婆一般與雷公並祀，並無專祀的廟宇。

▲雷公（右下為電母，又稱閃電婆）。

【自然神祇】雨師

雨師即司雨之神。古人靠天吃飯，又缺乏氣象知識，因而自然界的風雨雷電，都認爲冥冥中有神明主宰，爲求風調雨順，自然祭祀甚勤。因爲雨水與人類生活關係最密切，所以眾多氣象神中，尤以雨神最受人崇拜。

雨神最初被認爲是天上的畢星。蔡邕曾言：「雨師神，畢星也，其象在天，能興雨。」西周及春秋列國皆將雨師列爲國家祀典。秦國還修建了國家級的雨師廟。《詩經》言：「月離於畢，俾滂沱矣」，意思是說月亮靠近了畢星，大雨就會滂沱降落。

畢星是二十八星宿之一，共有八顆，在金牛座。因其形狀像畢網，故取名爲「畢」。

出於自然界的神祇終必被擬人化，似乎是不變的通則。雨神後來變成一隻神鳥商羊，再發展成仙人赤松子。《三教源流搜神大全》記載：「雨師神，商羊是也。商羊神鳥，一足，能大能小，吸則溟渤可枯，雨師之神也。」此鳥只有一隻腳，卻能預示大雨。赤松子又作「赤誦子」，《列仙傳》等書說他是神農時代的雨師，因服「水玉」而登仙。

赤松子後來被道教的元始天尊封爲雨師，能化龍行雨，但龍王降雨之說流傳民間後，雨師卻成了龍王的屬神。有句台灣諺語：「雨是龍絞水去天頂」（龍捲水上天，然後撒洒，才會下雨），可見後來的雨神已被龍王取代，雨師反而少爲人知了。

台灣目前並無主祀雨師的廟宇，一般都與雷公、雷母、風伯等合祀。其形像如《集說詮眞》所載：「烏髯壯漢，左手持盂，內盛一龍，右手若灑水狀。」

▲雨師（左手執龍行雨）。

【自然神祇】

風神爺

台灣最早的一座風神爺廟，位於台南市長樂街，創建於清乾隆七年（西元一七四二年），爲清台灣知府蔣元樞創建。該廟是舊時台南「七寺八廟」之一，廟前設有接官亭。當時廟前便是台江的港口，大陸往來船隻都到此登岸，所以無論官賈平民，登船前後都會到廟中祈求風神，保佑一帆風順，旅途平安。

民間俗稱的風神爺又稱風伯、風師、箕伯。風神崇拜也是源於早期的星宿信仰。東漢應劭《風俗通義．祀典》言：「風師者，箕星也。箕主簸揚，能致風氣。」這裡即指箕星爲風神。箕星共有四顆，屬於人馬座。

因爲鳥搏翅可以生風，所以古人也把風神聯想成某種神秘的鳥。殷契時代的「鳳」字等於「風」字，因而把神鳥鳳凰當成風神看待。又有些民族認爲風起於山谷和洞穴，故也有奉山谷爲風神者。唐宋以後，風神逐漸人格化，於是有了「封姨」、「方天君」之類的名字。

神話中的風神爺，手持一個寶葫蘆，裡面藏著大氣，放出則爲風，大小由其控制。也有說風神是金、木、水、火、土五行的總管者，手下有火神、水神等供差遣。風神爺職司風雨陰晴，所以特別受到航海業者、漁民的祭拜。

風是空氣流動的自然現象，本身無善惡，但當風速失控、風向偏差，造成民眾生命財產的損失時，風神被視爲惡神，所以古人有殺狗祭風神的習俗。但當風神與雷神、雨神合作無間，「鼓之以雷霆、潤之以風雨，養成萬物，有功於人，王者祀以報功也」，則又被當作善神來祭拜。

▲風神爺職司風雨晴陰。

【自然神祇】四海龍王

每年農曆十月十日，澎湖地區的漁民都自動「打烊」休息一天，因爲漁民相信，這一天是海龍王的生日，魚蝦都到龍宮祝壽去了，即使出海也不會有收穫。因爲當天海中空空蕩蕩的，如被強風巨浪「洗港」般，所以當地人稱作「海龍王洗港日」。

龍是遠古傳說中的神話動物，有鱗有鬚，且有四足五爪，能興風致雨，《呂氏春秋，召類》云：「以龍致雨。」所以龍王爺是人民心目中的水神，早期便有迎龍王以求龍王降雨之俗。

台灣最早的一座龍王廟位於台南市東安坊，初建於清康熙五十五年（西元一七一六年），王必昌修《台灣縣志》謂：「龍王爲海瀆之神，建廟崇祀，所以保障海邦，非第爲祈禱甘霖也。」可見當時的龍王信仰，龍王是水神，也是鎮海之神。

四海龍王是指誰呢？該書又云：「雍正二年，敕封四海龍王之神：東曰顯仁、南曰昭明、西曰正恆、北曰崇禮。俱遣官賚送香帛祭文，交該地方官致祭……」說明前清時，無論官方或民間，都相當重視四海龍王的祭典。

四海龍王中以東海龍王的名氣最大。東海龍王即掌管東方之海的龍王，傳說東海龍王名叫敖光，演義小說中「哪吒鬧東海」，龍王被抽龍筋的故事膾炙人口。也使東海龍王的知名度大大提高。

因爲四海龍王爲清領台地航海者的守護神之一，所以早期在淡水、大甲、彰化、台南、鳳山、恒春、澎湖等沿海地區，都建有專祀四海龍王的廟宇，但今已不多見，另少數的媽祖廟、水仙宮廟也配祀有四海龍王。

▲青龍土治(台北石門鄉五龍宮)。

【佛教神祇】釋迦牟尼佛

釋迦牟尼佛爲佛教的創始者。佛教爲世界三大宗教之一，信徒有數億人之多。釋迦牟尼是偉大的宗教家，也是舉世公認的聖哲，他所傳達的佛教思想文化，經世代相傳，早已蔚成東方文化的一大主流，且爲世界歷史留下了豐富而精湛的文化寶藏。

釋迦牟尼誕生於二千五百多年的印度迦毗羅衛國（今尼泊爾南部與印度毗鄰處），是該國淨飯王的太子悉達多，母親摩耶夫人在產後七天即去世，悉達多由姨媽代爲養育。十六、七歲時，他娶了表妹耶輸陀羅爲妃，後生下兒子羅睺羅。貴爲太子的悉達多，宮中的生活十分舒適優裕，父親希望他繼承王位，但悉達多似乎過不慣這種養尊處優的生活。據經典上的記載，他曾由城的四門出遊，親見老、病、死、沙門等現象，深感人生的苦痛與無常，遂萌出家修道之志，於二十九歲（一說十九歲），夜出王宮，入山修道。

太子到了苦行林，修了六年苦行，雖至形銷骨立，身心衰竭，但始終未能成道，乃悟苦行非解脫之因。拋棄苦行後，他接受了牧羊女以羊乳供

▲釋迦牟尼佛(台北雙溪湧泉寺)。

養，恢復體力後，到菩提伽耶畢缽羅樹下，結跏趺坐，進入禪定境界，經七天七夜(有說四十九天)的靜心冥想，終於豁然大悟，時年三十五歲(一說三十歲)。從此開始了長達四十五年的傳教活動，也建立了龐大的佛教僧團，度化了無數的出家與在家弟子，找到人生永恆的依歸。佛陀最後在拘尸那迦城的娑羅雙樹林中圓寂，世壽八十歲。

【佛教神祇】阿彌陀佛

論起阿彌陀佛的名聲，在台灣，沒聽過祂名字的人，那可眞是「阿彌陀佛」了！「阿彌陀佛」的名號經常被人貼在車上、電線桿上，到處可見，許多人朗朗上口，但眞正能理解祂的涵義的人恐怕不多。

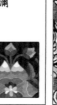

阿彌陀佛爲佛教西方極樂世界的教主。阿彌陀佛梵名爲Amita-buddha，意義爲無量光、無量壽。此佛光明無量、壽命無量，所以又稱無量光佛、無數壽佛。

人死後要去那裡呢？在民間的超渡法會中，常會看到「接引西方」幾個大字，西方極樂世界已成爲善信們死後最嚮往的安樂淨土。

據《無量壽經》記載，在無量久遠的過去世，有一個國王發無上道心，捨王位而出家，名爲法藏比丘，於世自在王佛處修行，了解佛國淨土的殊勝，於是歷經五劫的時間，參訪無數佛國淨土後，發下四十八大願，經不斷積聚修行之功德，而於距今十劫之前，功行圓滿，成爲阿彌陀佛，並在離地球十萬億佛土的地方，報得極樂淨土。

阿彌陀佛發願建立的極樂世界，目的在爲苦難的眾生提供一個清淨無

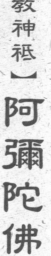

障礙的學佛環境，能否往生淨土，端視是否能一心唸佛。當然，也不是只有嘴巴唸佛就能往生。《阿彌陀經》上說：「不可以少善根福德因緣，得生彼國。」意思是說，心地不善良，不多做好事，行善助人，唸再多的佛，也是不能往生的。

最常見的阿彌陀佛造型是所謂的「西方接引圖」；中間立者爲阿彌陀佛，一手下垂，作接引眾生狀；兩旁爲觀世音與大勢至兩菩薩，代表慈悲與智慧。三者統稱爲「西方三聖」。

▲阿彌陀佛(台北雙溪湧泉寺)。

【佛教神祇】藥師佛

生老病死爲人生的四大苦，其中生病之苦，可謂諸苦之最，即連醫學發達的今天，病苦仍是人人難以避免。因而在民間信仰中，被冠以「醫神」、「藥神」的神明，自然特別受到民眾的依賴與信奉。在佛教諸多神祇中，也出了一個施藥救疾的藥師佛。

藥師佛全稱爲「藥師琉璃光如來」，又稱藥師如來、大醫王佛，爲東方淨琉璃世界的教主。生前行菩薩道，曾立下十二大願，誓爲一切眾生解除身心疾苦，導入解脫，故依此願而成佛。

側重現實人間的關懷與救濟，是藥師佛信仰的一大特色，此與尋求來世解脫安樂的彌陀信仰，在信仰風格上顯然有所不同。

從藥師佛的十二大願中，可以理解藥師佛救度眾生是先求解除眾生的切身之痛。如第六願：希望一切殘障、精神異常，以及受到病苦折磨的人，聽到我的名字都能速離疾苦。第八願也說：受病痛之苦，無人照顧者，聽到我的名號，能眾苦皆除。

除了解除眾生的病苦外，第十一及十二大願，更提及一切身受飢餓與

貧窮之苦的眾生，能衣食無缺，生活富足安樂。此外，藥師佛幫助眾生解除身體之病苦，更能醫治眾生心理上的疾病，如第三願：願以智慧方便令諸有情皆得受用無窮，及第二願：願身如琉璃，內外清淨無垢，光明過日月，幽冥眾生悉蒙開曉。能兼治身心之病苦，才能獲得究竟的安樂。

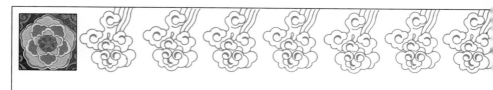

藥師佛有左右兩個脅侍，即日光遍照菩薩與月光遍照菩薩，三者合稱「東方三聖」。除了二菩薩，藥師佛手下另有十二神將。

▲藥師佛(新竹縣芎林鄉廣福宮)。

【佛教神祇】

彌勒佛

大肚能容，容天下難容之事；
開口便笑，笑世間可笑之人。

這則生動有趣、頗富哲理的對聯，形容的便是彌勒佛（布袋和尚），也是彌勒殿最常見的「招牌楹聯」。

彌勒被視爲佛教的未來佛，是繼釋迦牟尼佛，在五十六億七千萬年之後，將降生人間成佛度眾生。據佛經所載，彌勒出生在古印度南天竺劫波利婆羅門家庭，姓慈氏，名阿逸多（意思是無能勝）。因爲他擅長修慈悲心，常入慈定，故名慈氏。後來彌勒成爲釋迦牟尼佛的弟子，修煉成道後，卻先於釋迦入滅，上生兜率天。釋迦曾爲他受記，預言彌勒將是自己的接棒人，於未來世成佛。

在中國也有位彌勒佛化身的布袋和尚，這位和尚名叫契此，爲唐末五代後梁時期，浙江奉化人。長得矮胖，肚子奇大，常用竹杖挑著大布袋在鬧市中出現，面帶笑容，四處化緣。據說天將下雨時，他即穿濕布鞋，天晴時，即穿木屐，當地人就以他的鞋子來預測天氣的好壞。因爲他出門經

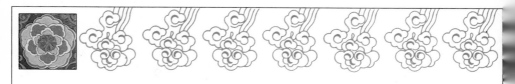

▲彌勒佛(北縣淡水關渡宮)。

常布袋不離身，所以人稱「布袋和尚」。

布袋和尚的布袋裡藏有什麼乾坤？是民眾最好奇的，布袋和尚曾有首句子，「我有一布袋，虛空無掛礙，展開遍十方，入時觀自在。」弦外之音，頗富禪機。布袋和尚圓寂前說了一偈：「彌勒眞彌勒，化身千百億；時時示時人，時人自不識。」世人才知道這位胖大和尚就是彌勒佛的化身，因而爲他塑像供奉在天王殿中，供人膜拜。

【佛教神祇】觀世音菩薩

觀世音菩薩在民間的知名度與影響力並不下於釋迦牟尼佛，除遍佈全省超過六百座的觀音廟寺以外，電線桿上、計程車座上，處處可見觀世音菩薩的聖名。觀世音菩薩名號深植民間，已儼然成爲救苦救難的代名詞。

觀世音又名觀自在，簡稱觀音。觀音即「內觀自在，十方圓明；外觀世音，尋聲救苦，」觀世音能不以耳「聽」，而能用心「觀」見一切眾生苦難的聲音，進而濟度眾生，令得解脫，是祂大悲願力的展現，所以常稱唸觀音爲「大慈大悲救苦救難觀世音菩薩」。

《悲華經》記載，觀世音是一生補處的菩薩（候補佛），將繼承阿彌陀佛而成佛。也有經典說，觀世音早已成佛，名爲「正法明如來」，爲協助阿彌陀佛度化眾生，而化身爲觀世音菩薩。

常有人問觀世音菩薩是男的或是女的？其實菩薩的境界已泯除男女相的分別，可以隨機應化，「應以何身得度者，即現何身而度化之。」因此，觀音可以是男身，也可以是女身，這完全要看眾生的需要。在唐代以前，觀音的形象都是男身，但唐宋以後，觀音卻變成女身，這也許是因爲古

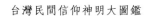

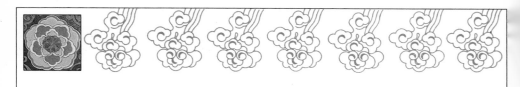

來女人的苦難多於男人，而女人慈忍柔和的心性，也較能與菩薩慈悲爲懷的精神相契合。

有求必化的觀音菩薩，爲了度化不同的眾生，而變現出不同多形象與身份，多達三十三種，因而演變成「三十三觀音」。所有觀音造型中最引人注意的是「千手千眼觀音」。千手表示遍護眾生，千眼表示遍觀世間，都是大慈大悲、救苦救難的表現。

▲觀世音菩薩(新竹市北門街長和宮)。

觀音菩薩的道場，傳說在南印度海邊的普陀洛伽山。而在中國浙江舟山群島的普陀山，傳說也是觀音菩薩的應化道場。

【佛教神祇】文殊菩薩

佛教認爲人生一切苦痛的根源，是因爲人與生俱來的「無明」（不能徹見事物眞理的心智狀態），而對治無明，必須靠般若（一種與空相應的智慧）之智。文殊菩薩在佛教裡是智慧的表徵，因此雖然祂不是歷史上的人物，但因能彰顯佛教的思想特色，所以在佛教中的地位崇高，某些經典甚至說文殊是三世一切佛的老師。

文殊全稱是「文殊師利」，意譯爲「妙吉祥」、「法王子」等。代表「智慧」的文殊菩薩與代表「大行」的普賢菩薩，在中國、日本等地的寺院，常列在佛的兩旁，爲佛的左右脅侍。

有關文殊菩薩的來歷，經典中眾說紛紜。有謂文殊在久遠劫前即已成佛，號龍種上如來。有謂文殊爲眾佛的父母。也有認爲文殊是阿彌陀佛的三兒子、或妙莊王的大閨女。流傳較廣的說法，認爲文殊爲釋迦牟尼佛的弟子，生於舍衛國一個婆羅門家庭，後依止佛陀學道，成爲佛陀的十大弟子之一。不管文殊是誰，在佛教中代表智慧的形象是始終不變的。

最常見的文殊菩薩造型，是右手持寶劍，左手持經卷，騎在一隻青毛

▲文殊菩薩(台北木柵指南宮大雄寶殿)。

獅子之上。寶劍象徵智慧，能斷一切煩惱。經卷代表令眾生深入經藏，智慧如海。所騎的獅子，被譽為「獸中之王」，宣揚佛法又叫「獅子吼」，佛陀也被尊為「人中獅子」，所以文殊騎獅子，即有弘揚佛法，廣度眾生的意思。

文殊菩薩是佛教四大菩薩之首，也是民間俗稱的「華嚴三聖」之一。中國山西的五台山曾發生多次文殊菩薩的感應事蹟，因此被視為文殊菩薩的應化聖地。

【佛教神祇】普賢菩薩

普賢爲大乘佛教四大菩薩之一，其梵名爲三曼陀跋陀羅，又作遍吉菩薩。在我國佛教寺院中，文殊與普賢兩大菩薩常做爲釋迦如來佛的脇侍，文殊駕獅子侍於左側，普賢乘白象侍於右側。

在大乘佛教中，文殊與普賢同爲一切菩薩的上首，協助佛陀化導眾生。不同的是，普賢是諸佛之子，主一切諸佛的理德、行德，與文殊的智德、證德相對。

也就是說，普賢代表「德」與「行」。德者，經典所載，他有延命之德。密宗有以普賢延命菩薩爲本尊之修法，稱爲普賢延命法；行者，據《華嚴經》所載，他發過十大願，要廣度一切眾生。十大願即：禮敬諸佛、稱讚如來、廣修供養、懺悔業障、隨喜功德、請轉法輪、請佛住世、常隨佛學、恆順眾生、普皆回向等，以此行願的廣大，而博得「大行普賢菩薩」的美名。而象以忍辱負重、不辭遠行之德聞名，所以普賢菩薩騎大牙白象，是他願行廣大、功德圓滿的象徵。

四川省峨嵋山自古以來即爲普賢菩薩顯靈應化的道場，晉代在山中始

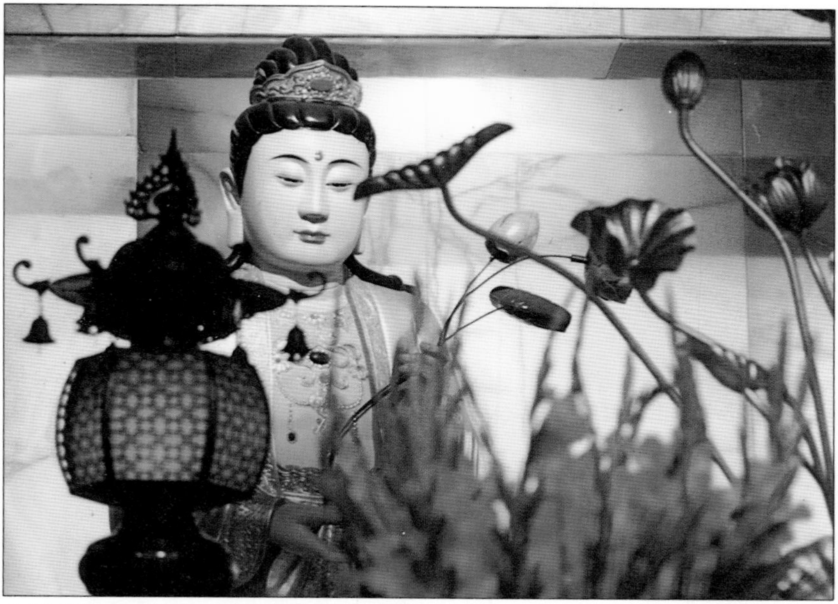

▲普賢菩薩(台北木柵指南宮大雄寶殿)。

建普賢寺，今更名爲萬壽寺。在台灣並無專祀普賢菩薩的寺廟，一般皆與文殊菩薩同祀於佛殿中。唯高雄市有一座普賢寺，爲佛光山高雄別院。該寺之建立，以實踐普賢菩薩之大行精神爲標的，弘揚人間佛教爲理想，故命名普賢寺。

【佛教神祇】地藏王菩薩

「我不入地獄，誰入地獄」常用來形容臨面極爲艱難的處境，別人都紛紛避離，唯獨自己勇於面對，舍我其誰的決心與精神。其實，如果了解地獄的可怕與苦痛，能說到做到的，恐怕只有地藏菩薩一人。

地藏菩薩的「地」指大地，「藏」指含藏。是說祂心如大地，含藏無數善根種子。《地藏十輪經》卷一言：「安忍不動猶如大地，靜慮深密如祕藏」，故稱「地藏」。按佛教的說法，地藏菩薩受釋迦牟尼佛的囑咐，在佛陀涅槃後，未來佛彌勒降世前的這段「無佛時代」，擔當起度化六道眾生的重任。

地藏菩薩受此重托，於是立下大願：「地獄未空，誓不成佛；眾生度盡，方證菩提。」雖然明知地獄的眾生難有度盡的一天，但地藏菩薩仍然全力以赴，這是因爲祂有廣大的悲願，所以被尊稱爲「大願」地藏菩薩。

地藏菩薩由於過去的大悲誓願力，常變現爲無數的化身濟度眾生，經典中曾記載祂過去也曾爲長者之子、婆羅門女、國王、善女人等，因其化身無數，所以又稱爲「千體地藏」。在我國，地藏菩薩被尊爲四大菩薩之一，是四大菩薩中唯一現出家相的。其應化的道場是著名的安徽九華山。據《宋高僧傳》所載，地藏菩薩曾化身爲朝鮮半島新羅國王金理洪的兒子，名爲金喬覺，出家後於唐玄宗時來華，到九華山修道，肉身成佛，以全身入塔。九華山因而被傳爲地藏菩薩的成道處。

民間信仰中的地藏王菩薩是地獄的「幽冥教主」，統率十殿閻王及大小衆鬼。每逢鬼月（農曆七月）的最後一天，相傳是關鬼門的日子，這一天也是地藏菩薩的得道日，民間都會舉行祭典或法會。

▲地藏王菩薩(台北哈密街保安宮)。

【佛教神祇】濟公活佛

在民間知名度頗高的濟公活佛，通常身穿破僧衣，手拿一把破扇，舉止如瘋似狂，平時不修邊幅，人稱爲「濟癲僧」。人們最熟悉的是他不守佛門清規，嗜好酒肉的乖張行徑，但其遊戲人間、濟弱扶困的神通事蹟，更令人津津樂道。

濟公是台州（今浙江臨南）人，生於南宋紹興十八年（一一四八年），原名李心遠。十八歲時，在杭州靈隱寺出家，法號「道濟」。其爲人「狂而疏，介而潔。」在大量的民間傳說中，濟公是個見義勇爲，專管人間不平事，又神通廣大的傳奇人物。他智鬥秦丞相（秦檜及其後人），懲治嘲弄貪官污吏的事蹟，廣爲後人所傳誦。

濟公住靈隱寺期間，有一天寺院突然失火重修，需要大量木柴，濟公運用神通，竟把身上穿的袈裟罩覆山頭，隨後山上的巨木即浮江於杭州，並有六甲神幫忙運送巨木。諸如此類的神蹟不勝枚舉。濟公行化嚴陵時，看到靠近湖邊的居民吃田螺時，都先把螺尾切斷，濟公不忍田螺受苦，經常向居民乞得田螺，然後將田螺放生於水中，被放生的田螺仍活著，但尾

巴已都被切斷了，由此可見濟公心地之慈悲。

雖然其嬉笑怒罵的舉止，與正統佛教中規中矩的僧人形象格格不入，但其語帶幽默，隨緣隨機，不拘形式教化眾生的本懷，也不失爲利濟眾生的方便。

目前在台灣以「濟公活佛」爲主神的廟宇約有十來座。

▲濟公活佛心地慈悲，卻以嬉笑怒罵的形象入世。

【佛教神祇】目蓮尊者

中元普渡是民間極重視的民俗盛會，農曆七月十五這天，佛教稱「盂蘭盆會」，道教則稱「中元節」。「盂蘭盆會」的產生，即源自流傳民間目蓮救母的故事。

目蓮是釋迦牟尼佛的十大弟子之一，號稱「神通第一」。《佛盂蘭盆經》記載，得道後的目蓮，有一次聽佛陀宣講報恩之道，突然以天眼看到母親墮在餓鬼道，極度飢餓，幾至皮骨相連。目蓮不忍母親受苦，於是用缽盛飯供母親食用，然而母親因爲惡業太重，飯未入口即化作火燄，母親根本粒米未進。

目蓮無計可施，只得求助佛陀。佛陀告訴他，要在七月十五日，即眾僧結夏安居結束之日，備百味飲食，供養十方僧眾，才能使母親免於倒懸之苦。盂盆梵語爲Ullambana，意譯作「倒懸」，比喻亡者之苦有如倒懸，痛苦之極。

至於目蓮母親爲何墮入餓鬼道呢？傳說是因爲目蓮母親在生時脾氣暴躁，不信因果，謗佛罵僧，又殺狗開葷，犯下極重惡業，而被打入餓鬼道

▲目蓮尊者(苗栗獅潭仙山靈洞宮)。

。

在佛教裡以神通出名的目蓮，即目犍連、大目犍連，全稱「摩訶目犍連」，經典上形容他「神足輕舉，飛到十方，所謂大目犍連比丘是。」神通廣大的目蓮尊者，晚年在王舍城內行乞時，卻慘遭嫉恨佛陀教團的婆羅門外道以棍棒瓦石擊死，此所謂「神通不敵業力」也。

【佛教神祇】十八羅漢

如果你有機會到寺院參觀，就會發現在佛寺的兩側或東西廂房都配祠有十八羅漢，其生動活潑、表情豐富的造型，很耐人尋味，不免令人多看幾眼。

羅漢在佛教中指已解脫生死、修道有成的聖者。流傳民間的十八羅漢，是從十六羅漢演變而來的，後來更發展爲五百羅漢之多。

十六羅漢指的是釋迦牟尼佛的弟子，他們是受了佛的囑咐，不入涅槃，常住世間，受世人供養，爲眾生作福田。

據玄奘所譯的《法住記》所載，十六羅漢分別爲賓頭盧尊者、迦諾迦代蹉尊者、迦諾迦跋厘惰闍尊者、蘇頻陀尊者、諾距羅尊者、跋陀羅尊者、迦理迦尊者、代闍羅弗多羅尊者、戍博迦尊者、半托迦尊者，羅睢羅尊者（即佛的兒子）、那伽犀那尊者、因揭陀尊者、伐那婆斯尊者、阿氏多尊者及注茶半托迦尊者等。

十六羅漢演變成十八羅漢，所增加的第十七、十八位羅漢有諸多說法，有以爲是慶友與賓頭盧；也有說是迦達摩多羅與布袋和尚，或迦葉與彌

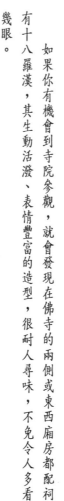

勒尊者等等。而在台灣常見的十八羅漢顯然已被漢化，有好幾位都是中國人，如梁武帝、志公禪師、飛杖尊者等，皆入十八羅漢之列。

十八羅漢深具創意而活潑的造型，成爲歷代畫家、雕刻家創作的熱門題材，他們的存在，豐富了固有藝術文化的內涵，也爲莊嚴肅穆的佛教注入更多的生機與活力；瞧瞧他們的表情，每一個人都不一樣，正象徵著人間的喜怒哀樂、展現十足的親和力，與貼近人性的形象，頗受大眾喜愛。

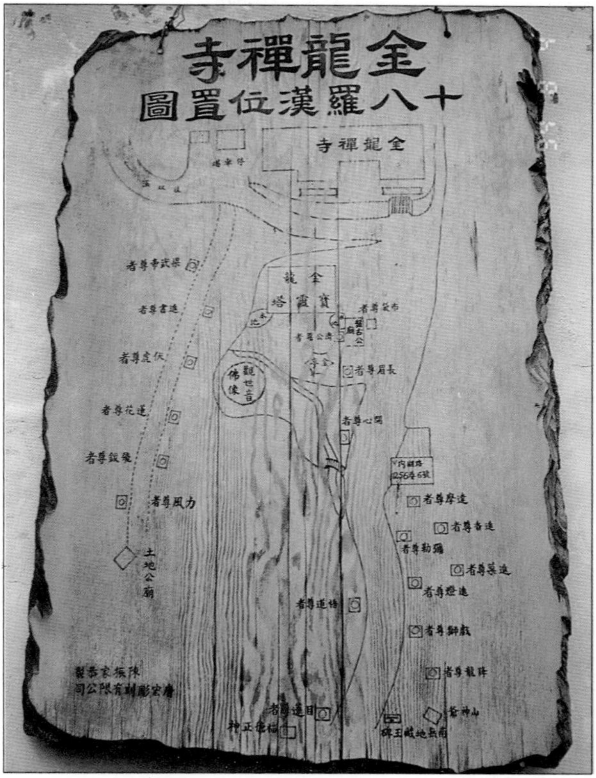

▲台北內湖金龍寺十八羅漢位置圖

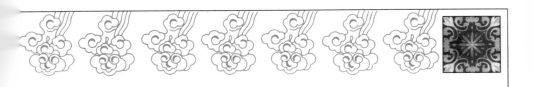

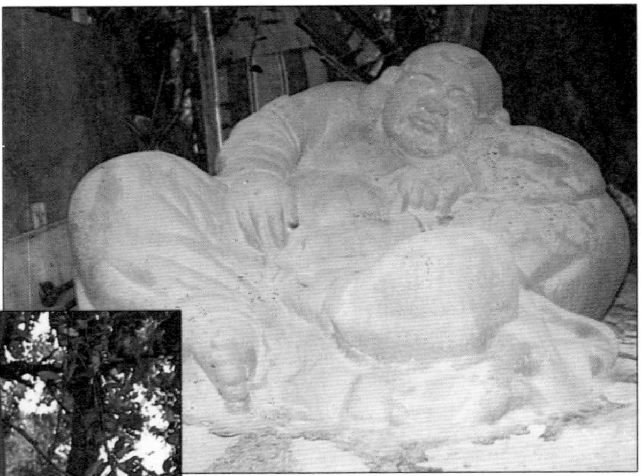

▲十八羅漢之一：布袋尊者

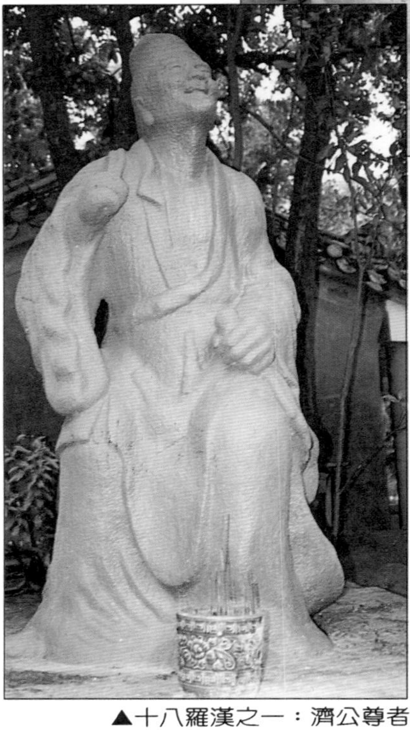

▲十八羅漢之一：濟公尊者

▲十八羅漢之一：開心尊者

▲十八羅漢之一：長眉尊者

▲十八羅漢之一：達摩尊者

▲十八羅漢之一：進香尊者

▲十八羅漢之一：彌勒尊者

▲十八羅漢之一：進果尊者

▲十八羅漢之一：進燈尊者

▲十八羅漢之一：戲獅尊者

▲十八羅漢之一：悟道尊者

▲十八羅漢之一：降龍尊者

▲十八羅漢之一：目蓮尊者

▲十八羅漢之一：力風尊者

▲十八羅漢之一：蓮花尊者

▲十八羅漢之一：飛鈸尊者

▲十八羅漢之一：伏虎尊者

▲十八羅漢之一：進書尊者

▲南無地藏王碑

▲十八羅漢之一：梁武帝尊者

【佛教神祇】四大天王

天王常用來形容某個領域最有影響力的重量級人物，如該領域的重要人物剛好有四個人，往往會被稱作「四大天王」，如股市的「四大天王」，高爾夫球界的「四大天王」等；這樣的「四大天王」，人間到處可見，但眞正的四大天王是指佛教的持國、增長、廣目及毗沙門等四大護法神。

四大天王俗稱「四大金剛」，祂們是居住在欲界天的最底層—「四天王天」，那裏有一座犍陀羅山，此山有四峰，四天王各據一峰，護持一世界，四天王各有九十一子，輔佐四天王守護空間十方，手下又各有八位大將，協助管理山河大地。

四天王的名稱及形象如下：

東方持國天，名多羅吒，身白色，手持琵琶。「持國」意爲慈悲爲懷，保護眾生，手持琵琶是希望用音樂教化眾生。

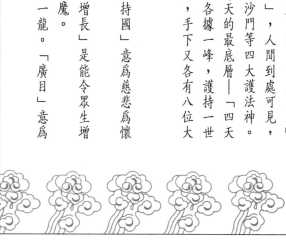

南方增長天，名毗琉璃，身青色，手握寶劍。「增長」是能令眾生增長善根、護持佛法。手持寶劍是爲護持佛法，驅除邪魔。

西方廣目天王，名毗留博叉，身白色，手中纏繞一龍。「廣目」意爲能以淨天眼觀察世界，護持人民。祂爲群龍領袖，故手纏一龍，看到有人誹謗佛法，即用繩索捉起來。

北方多聞天，名毗沙門，身綠色，右手持寶傘，左手握神鼠（銀鼠），「多聞」比喻福德名聞四方。手持寶傘用以制服魔眾，賜予人民福德。四天王中，以北方多聞天毗沙門最受信眾歡迎，因爲祂原是古印度的一位天神，又名施財天，是財富之神，所以信徒最多。

四大天王傳入中國後，其形象已徹底漢化，作古代武將打扮。四大天王像一般都被安置在佛寺中的天王殿兩側，殿中央則爲彌勒佛。

▲持國天金剛(北市木柵指南宮)

▼多聞天金剛（北市木柵指南宮）

▲廣目天金剛(北市木柵指南宮)

▼增長天金剛(北市木柵指南宮)

【佛教神祇】天龍八部

一提起天龍八部，大概都會聯想到金庸的武俠小說，事實上，天龍八部乃是佛教的八類護法天神，又叫「龍神八部」、「八部眾」。

一、天眾。天即神。如護持佛教的大梵天、帝釋天、四大天王、韋馱天等二十諸天。

二、龍眾。傳說中能興風致雨之神，《法華經》載有八大天龍，《華嚴經》則載有無量諸大龍王，能興雨佈雲，令眾生熱惱消滅。

三、夜叉。原爲印度神話中的女鬼，年輕而富有魅力，勇健強悍，會吃人畜。被佛教吸收後，成爲毘沙門天王的部下，一般有八大夜叉。

四、乾闥婆。是香神或樂神，原爲婆羅門教的神祇。祂的特色是以香爲食，擅長司奏伎樂，爲佛教的音樂神。

五、阿修羅。古印度神話的惡神，容貌醜陋，後被佛教收爲護法神。

六、迦樓羅。意爲「金翅鳥」，兩翅相隔三百三十六萬里，巨大無比。此鳥以龍（蛇）爲食，是龍（蛇）的剋星。

七、緊那羅。即非人、歌神。是擅奏法樂的天神，經上記載緊那羅神

有一男一女，男者擅歌，女者擅舞。

八、摩睺羅迦，即大蟒神。

這八部天眾有半數原來並不是什麼善類，且是傳說中的惡神，危害蒼生，並阻礙善信學佛修道，但被佛教吸收後，反成了佛教的護法神。由此可見，佛法度眾是平等無差別的。

「天龍八部」一詞是出自中國而非印度，《法華經提婆達多品》云：「天龍八部與非人，皆遙見彼龍女成佛。」八部眾以天眾及龍眾最重要，故統稱天龍八部。

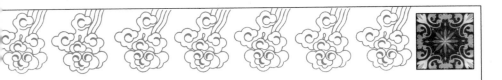

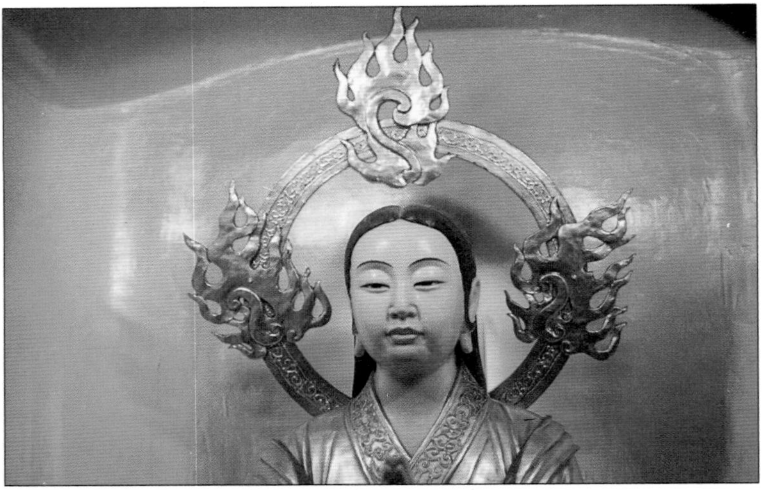

▶天龍八部之一：摩和羅女（北縣淡水關渡宮）

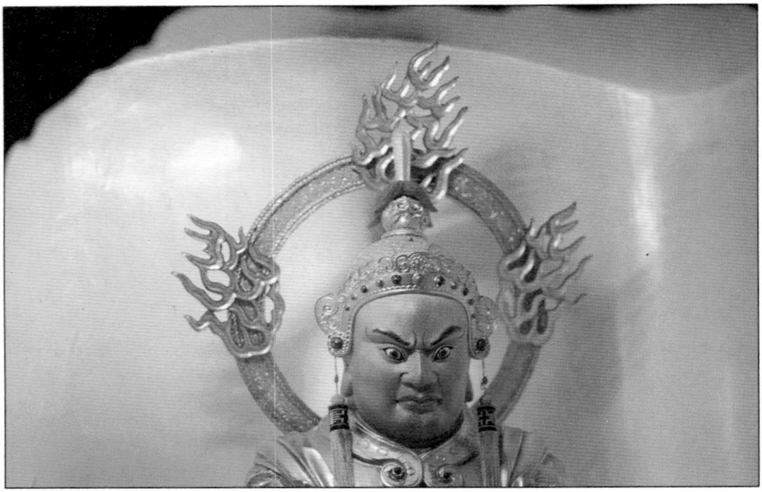

◀天龍八部之一：五部淨（北縣淡水關渡宮）

◀天龍八部之一：摩睺羅王（北縣淡水關渡宮）

▶天龍八部之一：那羅王（北縣淡水關渡宮）

▶天龍八部之一：
金色孔雀（北縣淡水關渡宮）

◀天龍八部之一：
迦樓羅王（北縣淡水關渡宮）

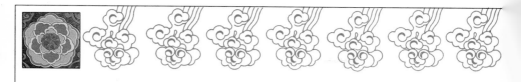

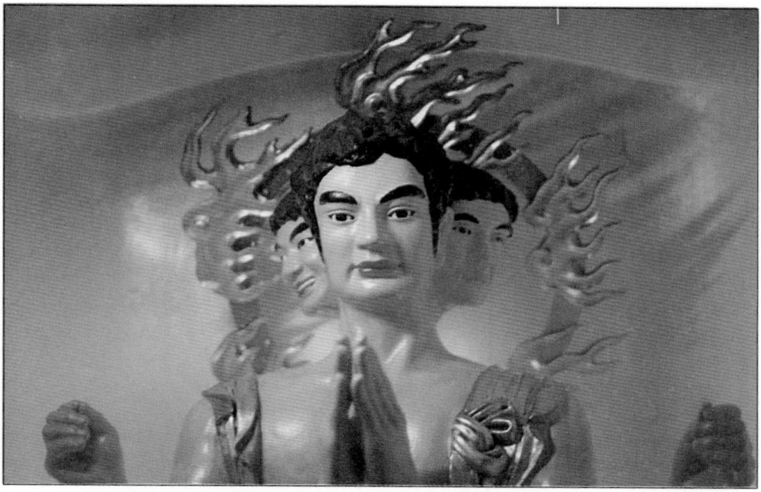

◀天龍八部之一：阿羅修王（北縣淡水關渡宮）

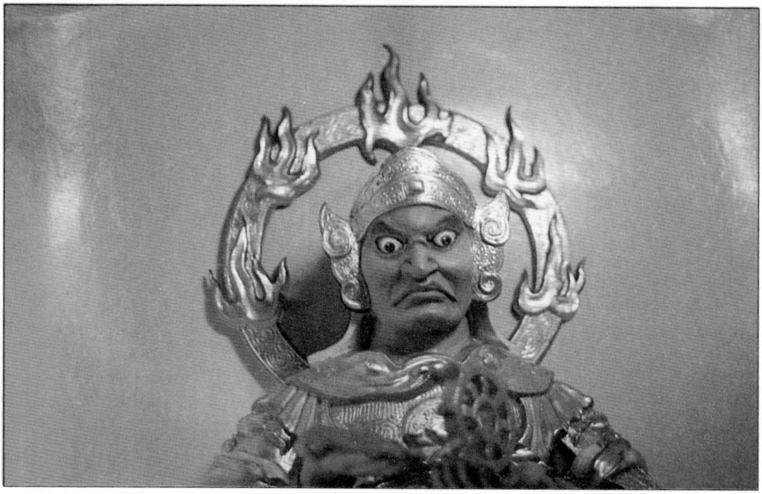

▶天龍八部之一：乾闥羅王（北縣淡水關渡宮）

▶天龍八部之一：毘婆迦羅王（北縣淡水關渡宮）

◀天龍八部之一：提頭賴咤（北縣淡水關渡宮）

▲天龍八部之一：毘沙門天（北縣淡水關渡宮）

▶天龍八部之一：神母天王（北縣淡水關渡宮）

▶天龍八部之一：婆藪仙人（北縣淡水關渡宮）

◀天龍八部之一：大弁功德天（北縣淡水關渡宮）

◀天龍八部之一：密遮（北縣淡水關渡宮）

▶天龍八部之一：那羅延天（北縣淡水關渡宮）

▶天龍八部之一：摩醯首羅王（北縣淡水關渡宮）

◀天龍八部之一：帝釋天（北縣淡水關渡宮）

◀天龍八部之一：大梵天王（北縣淡水關渡宮）

▶天龍八部之一：善濟天王（北縣淡水關渡宮）

▶天龍八部之一：金毘羅王（北縣淡水關渡宮）

◀天龍八部之一：金天王（北縣淡水關渡宮）

▲天龍八部之一：滿仙人（北縣淡水關渡宮）

▲天龍八部之一：滿善車王（北縣淡水關渡宮）

▶天龍八部之一：歡喜龍王（北縣淡水關渡宮）

◀天龍八部之一：沙羯羅王（北縣淡水關渡宮）

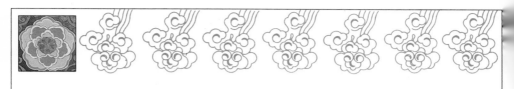

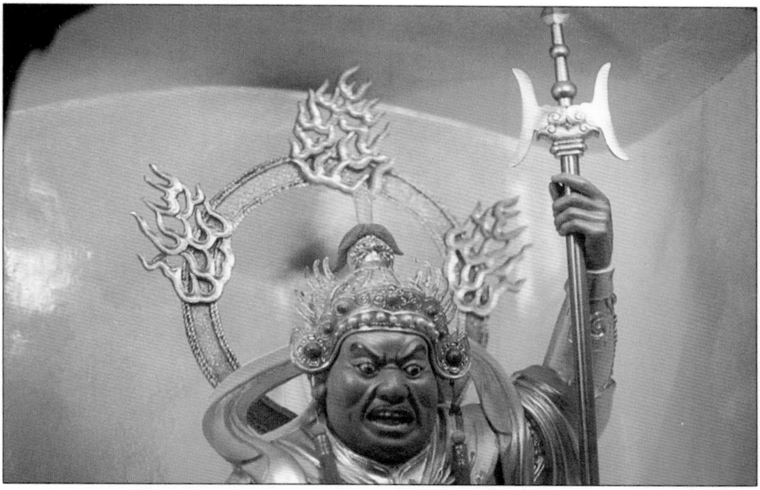

◀天龍八部之一：毘羅博叉（北縣淡水關渡宮）

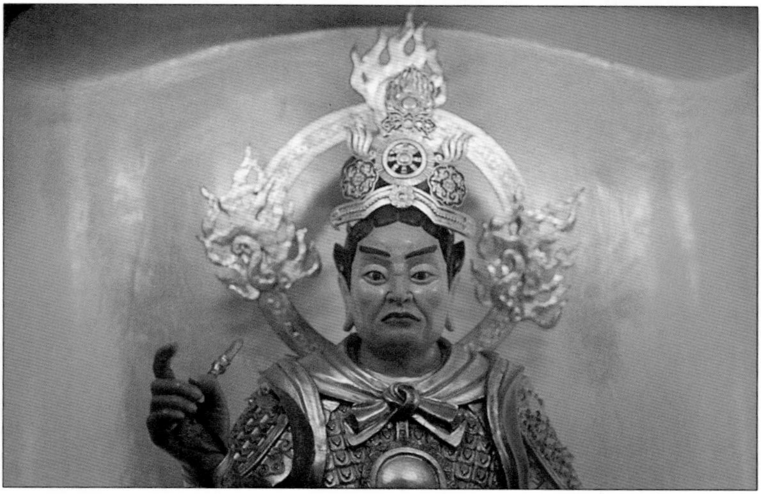

▶天龍八部之一：毘羅勒叉（北縣淡水關渡宮）

【佛教神祇】

伽藍神

伽藍神也是佛教的護法善神之一，又稱作伽藍十八善神、護伽藍神、守伽藍神、寺神等。

伽藍是梵語的音譯略稱，意爲「眾園」，原意是指出家僧眾所居住的園林，後用來稱僧侶所居住的寺院、堂舍。所以伽藍神，狹義而言，即指佛教寺院的守護神，廣義來說，泛指擁護佛法的諸天善神。

據《七佛八菩薩所說大陀羅尼咒經》卷四所列舉的伽藍神共有十八位，即美音、梵音、天鼓、巧妙、歎美、廣妙、雷音、師子音、妙美、梵響、人音、佛奴、歎德、廣目、妙眼、徹聽、徹視、遍觀等，共十八護法伽藍神。

我國自唐宋以後，即有禪宗奉祀伽藍神的記載。在佛寺裡，一般都設有「伽藍堂」，這是專門安置伽藍守護神的堂宇。

伽藍神傳入中國後，也多了一位中國籍的伽藍神，即著名的關聖帝君關羽。傳說佛教天台宗隋朝的智顗大師（即智者大師），在當陽玉泉山建立精舍，關羽曾請求受戒，寺廟建成後，關羽成爲該寺的護法神，此後各

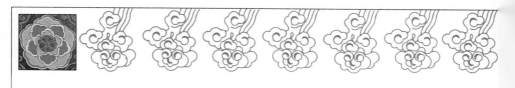

寺院紛紛將關羽列爲佛寺的護法神。如著名的杭州靈隱寺中十八伽藍神之旁，就多了個關羽神像。

伽藍神一般配祀在佛寺中，而在台南縣鹽水鎮的市區中央，卻有一座主祀伽藍神的「伽藍廟」，此廟雖小，但在全省卻十分罕見。民間信仰中，伽藍神的例祭日是在一月二十四或四月一日，而鹽水伽藍廟的例祭日，則在十月一日。

▲伽藍神(塑造成關公形象的中國伽藍神)。

【佛教神祇】

韋馱

韋馱是佛教的護法神，常爲佛寺的侍衛，被供在天王殿的背後。

韋馱又叫韋馱天、韋馱菩薩，原爲印度婆羅門教的神祇，曾打敗魔鬼塔卡拉，而被視爲戰神。傳韋馱有六頭十二臂，手執弓箭，騎孔雀。韋馱被佛教吸收後，成爲寺廟的守護神，並被列爲南方增長天八大將軍之一。

四大天王部下各有八大將，合爲三十二將。韋馱居三十二將之首。韋馱生而聰慧，早離塵欲，修道有成，曾受佛陀囑咐領護東西南三洲（東勝身洲、西牛貨洲、南贍部洲），保護出家人，及護持佛法。

韋馱的本事是「善走如飛」，傳說佛陀涅槃之後，竟有個「捷疾鬼」偷了佛的兩顆牙齒，韋馱腳程比鬼還快，急起直追，一下子就擒獲鬼賊，奪回佛牙。

韋馱得以流傳我國，傳因唐初道宣律師曾於定中與韋馱會談，說韋將軍是「諸天之子，主領鬼神，如來欲入涅槃，佛弟子（韋馱）護持贍部遺法。」自此全國各處的佛寺均設有其神像。

韋馱傳入中國後，其形象也徹底中國化了，變成中國武將的打扮，金

盔金甲，手持金剛杵，英挺威武，氣勢凌人。

韋馱神像一般配祀在佛寺中，但在宜蘭的吉祥橋頭，卻有一座專祀韋馱的韋馱院。該廟創建於清光緒二十八（西元一九〇二）年，屬於九股山吉祥寺的分支，其建廟緣起，據莊英章．吳文星《頭城鎮志》記載：「蓋當寺吉祥橋未建，來往不易，在溪岸建寺，以為歇腳處。」

▲韋馱（佛教護法神，傳入中國後，已成中國武將打扮）。

【佛教神祇】達摩祖師

一提到達摩，不免想到少林寺。一提起少林寺，又不免聯想少林寺武功名滿天下。其實，少林寺的武藝，最初只是源於靜坐後的一種健身運動；達摩所以聞名於世，令人讚誦，主要倒不是因爲他的武功高強，而是由於他獨特而精湛的佛學體驗。

也是十八羅漢之一的達摩祖師，傳爲南天竺（南印度）香至國（或作婆羅門國、波斯國）國王的第三子。達摩是菩提達摩（梵名Bodhidharma）的略稱，「摩」又稱「磨」。達摩受法於印度禪宗第二十七祖（初祖爲「拈花微笑」的大迦葉）。

父王去世後，從般若多羅出家。並於師滅度後六十餘年，泛舟渡海至廣州番禺，時爲梁武帝普通元年（五二〇年，一說是南朝宋代末年）。篤信佛教的梁武帝遣使迎至建康（今南京）。一日梁武帝問他：「朕即位以來，造寺寫經，度僧不可勝記，有何功德？」達摩說：「並無功德。」武帝不解：「何以無功德？」達摩說：「此但人天小果有漏之因，如影隨形，雖有非實。」與武帝一番對答不能相契，達摩遂渡江至魏（傳爲一葦渡江），到了嵩山少林寺，從此「九年面壁而坐，終日默然。人莫之測，謂之壁觀婆羅門。」

九年後，達摩成了繼跋陀之後的少林寺第二代方丈。其壁觀禪定，直指人心，見性成佛的獨特修行方法，使他成爲中國禪宗初祖，對後世佛教影響極爲深遠。達摩將衣缽傳給弟子慧可之後，離開少林寺，雲遊四方。據說在洛水之濱遇毒身亡，葬於熊耳山（今河南宜陽縣），起塔於定林寺。

▲達摩祖師(台南市正德街正德宮)。

在台灣多數的佛寺都配祠有達摩祖師，台南、花蓮等地並有主祀達摩的佛寺。

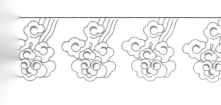

【佛教神祇】玄奘大師

玄奘大師雖不是民間信仰的神祇，但在南投日月潭卻有全省唯一主祀玄奘大師的玄奘寺，爲供奉玄奘的頂骨及舍利子而興建，前往日月潭觀光的中外人士，大都會到寺中燒香致意。

玄奘大師即民間熟悉的唐三藏，但《西遊記》筆下的唐三藏與歷史上的玄奘大師——卻有很大的差距，前者是懦弱無能的凡僧，後者卻是佛教史上的一代高僧，對歷史文化貢獻卓著。

玄奘是唐代高僧，洛州維縣（河南偃師）人，俗名陳禕，十三歲出家，依兄長捷法師，居洛陽淨土寺。十四歲時，隋煬帝令度僧二十七人，投考的人很多，大卿理鄭善果見師年紀雖小，但對答出眾，且器宇不凡，因而破格錄入僧籍。玄奘入了僧門後不久天下大亂，隋亡唐興，在這段兵荒馬亂的歲月裡，他雖被迫四處逃亡，但仍藉機四處參學，潛研經藏，而奠立深厚的佛學基礎。

唐貞觀三年（六二九年），爲西行取經，印證佛法，更違禁出國，冒著九死一生之險，歷經千山萬水的跋涉，才抵達印度。在印度那爛陀寺留

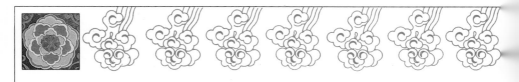

▲玄奘大師取經圖(南投日月潭玄奘寺)。

學五年，又遊學十二年，返回長安後，唐太宗令文武大臣，僧尼善信夾道歡迎，場面可謂萬人空巷。

返國後，太宗曾兩度勸他還俗擔任宰相，玄奘不肯，太宗只得依其志願、助其譯經，敕建長安譯經院，並派二千多人協助，凡十九年，共譯出經論七十五部、一千三百三十五卷。麟德元年（西元六六四年）二月初五，大師圓寂，享年六十五歲。

玄奘大師的例祭日即祂圓寂的日子二月初五，按例舉行誦經法會，各地信徒都會專程組團來上香或讚誦經文。

【道教神祇】太上老君

道教奉爲開山始祖，後來位尊道教神祇第三把交椅的太上老君，原不是什麼三頭六臂的人物，但卻是中國古代一位卓越的哲學家——老子。

本不信鬼神的老子，卻成了道教的高級神祇，始作俑者是東漢末的張陵。張陵創立五斗米道，依據《太平經》作道書，且自稱出於太上老君口授。張陵創立了早期的道教，老子也名正言順地成爲道教的始祖。《雲笈七籤》載：「太上老君者，混元皇帝也。乃生於無始，起於無因，爲萬道之先，元氣之祖也。」此時的太上老君從無始以來已存在，從宇宙之「氣」變化而生，已非歷史上的老子了。

歷史上的老子即老聃，又名李耳，楚國苦縣（今河南鹿邑）人，爲春秋末年的思想家，道教創始者。據《史記》所載，老子曾當過周朝的守藏室史（國家圖書館館長）。後來看見周朝衰敗，即辭職歸隱。在西出河南函谷關時，守關的尹喜請老聃寫部書，於是有《道德經》五千言傳諸後世。因爲老子的學問淵博，孔子還曾向老子問過禮，並稱讚他是一位「博古知今，通禮樂之原，明道德之歸」的長者。

▲太上老君(即道德天尊，北市木柵指南宮)。

老子被早期道教奉爲開山祖師後，有了「老君」、「太上老君」、「玄元皇帝」等名號。老君原爲早期道教的最高神，但六朝以後，老君降爲第三位，在祂之上有玉清元始天尊和上清太上道君（靈寶天尊），此三位神祇合稱道教的「三清」，祂們居住的地方叫做「三清天」、「三清境」，是神仙居住的最高仙境。

台灣主祀太上老君的廟宇約有二十來座，多半座落在山明水秀之地，環境清幽，祭祀典禮也肅穆異常，這也許和老子清淨無爲的思想有關吧！

【道教神祇】

王母娘娘

王母娘娘也稱瑤池金母，源自道教的西王母。一般常將王母娘娘誤作是天上聖母媽祖。「王母娘娘」信仰是台灣光復後新興的民間宗教，信仰系統有完整的組織，與民間各自爲政的神祇信仰大不相同。

西王母信仰在中國由來已久。「西王母」原指古代西方一個原始部族的首領，後來被神化爲怪神。而最初的西王母是半人半獸的模樣，這可能是源自我國古代的動物崇拜和圖騰崇拜。

東漢末，道教興起。道徒們將西王母奉爲尊神，原來奇形怪狀的怪神，也一變而爲雍容尊貴的道教神仙，並成爲玉皇大帝的太太。而爲了抬高王母的地位，道教也指稱王母是道教第一尊神元始天尊的女兒。

東晉葛洪的《枕中書》說，元始天王（即元始天尊）與太元聖母扶大帝東王公，號曰元陽父，又生九光元女，號曰太眞西王母，所治群仙無量也。道教奉王母爲女仙之宗，男仙之宗即玉皇大帝。

台灣的王母娘娘信仰，始於民國三十八年六月十三日凌晨，據傳王母娘娘神靈突然蒞臨花蓮縣吉安鄉荒郊，降於蘇列東之身，並命其通告村民

▲王母娘娘(即瑤池金母，北投吉利街慈善堂)。

曰：「吾乃天上王母娘娘，欲在此處駐蹕，解救人間一切苦厄，宣化度眾。」初以扶鸞藥方救人，因爲靈驗不斷，從此信眾日多。

台灣的王母娘娘信仰有二派。一爲勝安宮系統，一爲慈惠堂系統。花蓮吉安鄉的慈惠堂創建於民國三十九年，以「降鸞闡道，勸喻世人悟道修身」爲主，目前爲台灣一貫道的一支。

【道教神祇】張天師

張天師是魏晉以後，一般對道教教宗的泛稱。天師的名位，是世代相襲的，指的並不是同一人。而這裡的「張天師」，指的是道教的創立者—東漢時代的張道陵。

張道陵（三四—一五六年），一名張陵．沛國豐人（江蘇豐縣人）。曾入太學，通達五經。後在四川鶴鳴山修道，著道書二十四篇，自稱太清玄元，創立早期道教。凡入道者，需繳米五斗，故稱「五斗米道」。張道陵擅長以符籙咒法爲人治病，跟隨他的門徒越來越多，於是著手建立二十四治（道教組織），立祭酒（頭目）以領道民。

魏晉以後，道徒尊張道陵爲「天師」，五斗米道也被稱爲「天師道」，成爲道教正宗。金元以降，北方出現了道教另一大派全眞道，天師道改爲「正一道」，盛行於南方。

張道陵成爲道教祖師爺後，也增添了不少傳說，使他由人而成神。《歷代神仙通鑑》、《列仙全傳》等書記載，張道陵幼時曾學老子《道德經》，後隱居鶴鳴山，得太上老君眞傳，自此法力無邊，能驅魔祛邪

▲張天師(宜蘭五結仙水寺)。

。元始天尊封其爲「正一三天扶教輔元大法師」。民間則將其視爲鎮宅保護神。

張天師雖爲道教的創始人，但道教另推出老子（太上老君）作爲教祖，後來更發展到「三清」（元始天尊、靈寶天尊、道德天尊即太上老君），使得張天師在道教諸神中的地位日漸低落。在台灣，對張天師的奉祀也欠缺普遍性。以「張天師」爲主神的廟宇，在台灣約有十座，每年五月十八日，各地主祠的廟宇，都會舉行張天師祭典。

【道教神祇】葛仙翁

《抱朴子》一書在道教中極負盛名，是慕道修行者不可不讀的著作。此書的作者即東晉道士葛洪，又稱抱朴子，爲道教建立精闢的理論，在道教中享有崇高的地位。

葛洪是江蘇句容人，字稚川，生於江南豪門世家。年輕時以儒學知名。二十歲在吳興任將兵都尉，因作戰有功，被封爲伏波將軍。但葛洪志不在官場，性好神仙之道，尤其喜愛研究道教經典。葛洪後來能在道教中佔有一席之地，事實上是有其家學淵源的。

葛洪的伯祖父是三國時代的「仙公」葛玄。葛玄則是三國著名道士和煉丹家左慈的門徒。葛洪爲了修學道法，特意拜伯祖父葛玄的高足鄭隱爲師，得其眞傳。後來又拜南海太守鮑靚爲師，鮑靚見葛洪是個人才，將來必成大器，便傾囊相授，並把女兒鮑姑許配給他。

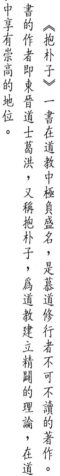

葛洪四十歲時，辭去官職，帶著一名老僕結廬隱居於臨安（今杭州）的寶石山以西山嶺，潛心修道煉丹，人們便稱此山爲「葛嶺」。

葛洪在修道煉丹之餘，還替百姓治病，開闢山路，以利人行。當地人

民感念他的德行，稱其爲「葛仙翁」。死後，百姓興建葛仙祠供祀他，後來擴建爲「抱朴道院」。

葛仙翁又稱爲葛府仙翁、葛眞君，在道教中，葛仙翁是位在理論與修行兩方面都有崇高成就的神仙，但在民間信仰裡，葛仙翁不知何故，卻成了布商與染織商的守護神。

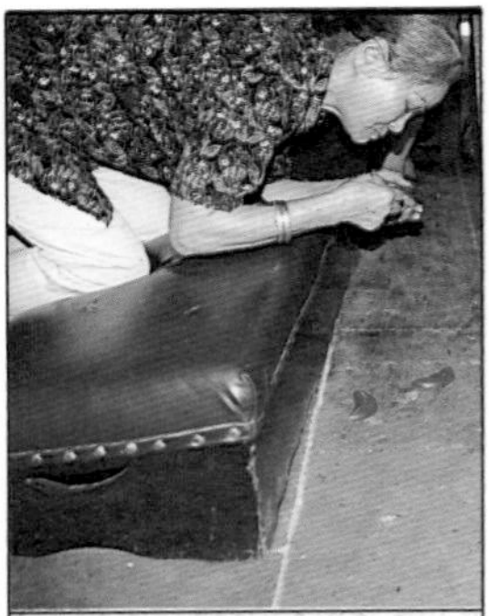

【道教神祇】九天玄女

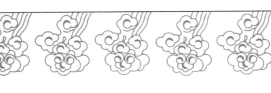

在台灣，九天玄女常被誤作是女媧娘娘，其實二者是不同的神祇。從造型上來區別，女媧娘娘最初是人首蛇身，九天玄女則是人身鳥首；女媧是創世神與婚姻之神，拿手的是補天之術，九天玄女則擅長兵法，專授天書扶助救世英豪。

九天玄女又稱九天娘娘或連理媽。《水滸傳》筆下描繪的九天玄女是位長得漂亮、雍容華貴的女仙，但溯其根源，九天玄女最初也不過是古代的一隻玄鳥。傳說中的玄鳥是商族的祖先。玄鳥後來化身爲玄女。《黃帝問·玄女兵法》一書中記載，黃帝與蚩尤九戰九敗，後來在太山遇到人首鳥形的九天玄女授以兵法，才擊敗了蚩尤。

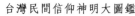

九天仙女被道教吸收後，成爲王母娘娘駕下的一位女仙，這時的九天玄女已脫離了半人半禽的造型，進化爲人身。宋代張君房編撰的《雲笈七籤》，九天玄女更徹底人神化，成爲道地的女神仙：「九天玄女者，黃帝之師聖母元君弟子也。」

被道教改造後的九天玄女，常被古代小說家引用，扮演授予造反英雄天書兵法的角色。《水滸傳》中的宋江即曾多次蒙玄女傳授天書，才得以大敗敵軍。《薛平貴征東》一書也記載，玄女賜給薛平貴無字天書，才使得薛平貴能順利征服高麗。

民間信仰中，九天玄女成了線香業者的祖師爺，製香業人家都在家中供奉神位。每年農曆一月二十四日例祭日，更要到台中沙鹿的開基祖廟朝奉宮進香。

▲九天玄女娘娘(苗栗獅潭仙山協靈寺)。

【道教神祇】玄壇元帥

玄壇元帥相傳爲商朝的武官趙光明（字公明）。民間又稱「趙玄壇」、「寒單爺」、「銀主公王」等。道教稱其爲上天皓庭霄度天慧覺昏炁所化生。與鍾馗是老鄉，同爲終南山人。自秦時避世山中，虔誠修道。漢代張道陵張天師入鶴鳴山精修時，收之爲徒。張天師煉丹功成，分丹使趙公明食之，遂能變化無窮，形似天師。張天師煉丹時，命其守玄壇（道教之齋壇），趙公明因而被天帝封爲「正一玄壇趙元帥」。

趙公明被民間奉爲武財神之一（另一爲關公、文財神指比干及范蠡）。其造型威猛有力，周圍常襯以聚寶盆、寶珠、大元寶、珊瑚之類。《封神演義》記載，趙公明成爲峨嵋山的道仙後，被聞太師請去打姜子牙，卻不幸身亡。死後趙公明被封爲「金龍如意正一龍虎玄壇眞君」，手下有招寶、納珍、招財、利市四神，專司「迎祥納福、追逃捕亡」。《三教源流搜神大全》謂「買賣求財，公能使之宜利和合。但有公平之事，可以對神禱，無不如意。」可見趙公明賜財不隨便，從商有德，才能蒙其護佑。

▲玄壇元帥(頭城鎮安宮)。

在台灣民間習俗中，除舊臘及新春需迎接財神，有些地區更在元宵節，舉辦特殊的炸寒單爺的活動，以期新春發大財。民間相信，寒單爺怕冷，且不懼水火，民眾乃擲鞭炮為祂驅寒。

道教將趙玄壇與靈官馬元帥、關羽、溫瓊合為「四大天將」。道士請神作法時必請此四將。

【道教神祇】中壇元帥

「中壇元帥」，又稱「大羅仙」、「太子元帥」、「玉皇太子爺」，本省民間簡稱「太子爺」、也就是鼎鼎有名的「哪吒太子」。

和托塔天王一樣，哪吒本是佛教的神祇，傳入中國後，卻被漢化了，成了佛道不分的天神。

哪吒太子原係印度毘沙門天王王太子之一。爲金色身，著七寶金剛甲冑，頭戴金翅鳥寶冠，佩長刀，左手托寶塔，右手執棒戟，足踏夜叉鬼。太子常以雙眼觀察四方，晝夜守護國王大臣、善男信女，如果有人起不善心或殺害心，則以金剛杖刺打惡人的頭或心。

哪吒最著名的是爲了報答父母之恩，不惜剔骨肉還於父母。宋．普濟所編《五燈會元》卷二載：「哪吒太子，析肉還父，然後復現本身，運大神力，爲父母說法。」

民間傳說中的哪吒太子，爲玉皇大帝駕前的神將，後派他降世爲托塔天王李靖的三子，名李哪吒。哪吒長大後，曾拜太乙眞人爲師，一身功夫，十分了得。後來哪吒與東海龍王之子戰鬥，哪吒一怒之下，抽了龍筋；

哪吒自知犯了大罪，爲了不累及父母，所以析肉還母、刻骨還父，以報答父母大恩。其師太乙眞人隨即以蓮花化身，救活哪吒。此後哪吒法力更爲高強。

本省善信相信「哪吒太子」能鎭壓妖魔鬼怪，因此奉祀非常虔誠。在民間信仰中，哪吒除被奉爲主神外，也是王爺信仰系統中五營元帥的中營大元帥。台灣供奉太子爺的廟宇不下百座之多，其中以高雄市的三鳳宮及新營的太子廟最具代表性。

▲中壇元帥(北市長泰街進龍宮)。

【道教神祇】托塔天王

在民間信仰中，統領天兵天將的托搭李天王，一般以爲是道教的神祇，其實祂是由佛教四大天王的北方多聞天（即毗沙門天王）分化而來的。

毗沙門天王是佛經中的四天王之一，統領羅刹、夜叉，爲佛教的護法神。因其掌托古佛舍利塔，故俗稱托塔天王。毗沙門天王在印度及西域等地普遍受到信奉，有時亦被視爲戰勝之神而受到尊崇。又因其能賜予福德，所以亦稱佛教七福神之一。毗沙門天王在四大天王中最有名，影響力也最大，其一般的形像呈神王形，腳踏兩鬼，左手持寶塔，右手捧寶棒。另有一種手持傘、鼠、蛇、龍的造型。

托搭天王傳入中國後，逐漸被漢化，後來成爲「托塔李天王」。《封神演義》稱托塔天王原爲紂王的部眾，即曾任陳塘關總兵官的李靖，他曾協助周武王伐紂，成功後歸返家園，潛心修道，終於肉身成聖。

李靖曾拜度厄眞人爲師，娶妻生下金吒、木吒、哪吒三子。在討伐紂王的過程中，竟與哪吒成仇。李靖不是三太子的對手，後來求助太乙眞人授玲瓏塔一座，才制伏了三太子。

在《西遊記》裏，李靖又成了玉皇大帝的重臣，當上了天兵天將的總司令，每次討伐齊天大聖，都由他領軍，哪吒則成了他的先鋒官。

李靖，在歷史上實有其人。他是唐初大將，陝西人。

托搭天王在中國是民間熟悉的神祇，但在台灣僅有少數的寺廟奉祀之。基隆市的「天王宮」以托塔天王爲主神，而台南的文朱殿與天池壇供奉的李天王歷史最久，祭祀的規模也最大。

▲托塔天王(基隆市復興街天王宮)。

【道教神祇】李鐵拐

李鐵拐是傳說中的八仙之首（另有一說是鍾離權），也即民間所稱的「李仙祖」或「凝陽帝君」。有關李鐵拐的來歷衆說紛紜，起碼也有六、七種之多。民間視他爲丐幫及賣狗皮膏藥者的祖師爺，此應和他的來歷有關。

據《續文獻通考》所載，李鐵拐即是隋朝時代的李洪水（小字拐兒，又名鐵拐），經常拄一鐵拐杖，在路上行乞。路人投以輕賤的眼光，李鐵拐於是將拐杖拋向空中，變成一條飛龍，隨即乘龍而去。

明代吳元泰所編著的《八仙出處東遊記》中記載，李鐵柺在天庭與仙童相戰，放走了太上老君的青牛。青牛下凡，化做國王，淫穢後宮。李鐵拐因而被貶下凡，立功贖罪。李乃化身爲一老翁，背著一個大葫蘆，施藥於病苦之人，求者無不應驗。

長得奇貌不揚的李鐵拐，在八仙中的造型奇特而引人注意。《列仙全傳》形容他的長相爲：「黑臉蓬頭、卷鬚巨眼，跛右一足，形極醜惡」。其實李鐵拐原來並不是這副德相。原來的他，可是相貌堂堂。只因有一次因事外出，交待徒弟說：「我欲從遊華山，倘遊魂七日不返，就把我的屍殼焚化。」

豈料到了第七天中午，徒弟得知家母病危，不得不趕回家，於是燒了師父的軀殼。不久，李鐵拐的元神回來，找不到屍殼，失魂落魄的他，突然發現林中有一餓孚，馬上從其頂門而入，於是變成了這副奇醜無比的模樣。

▲八仙之一：李鐵拐（北縣三芝鄉八仙宮）。

在台灣供奉李鐵拐爲主神的廟共有三座。每年的四月八日或十一日，都會舉行祭典，台中大安鄉聖仙宮的祭典則訂爲正月初二。

【道教神祇】

鍾離權

據《歷代神仙通鑑》、《列仙全傳》等書記載：八仙之一的鍾離權，即漢代鍾離子，姓鍾離名權，京兆咸陽（今屬陝西）人。鍾離權字寂道，號和谷子，又號王陽子、雲房先生。其父鍾離章爲東漢大將，以征北胡有功，封燕臺侯。

此外，《全唐詩》及《宋史、陳摶傳》也記載了另一個鍾離權。《全唐詩》中的鍾離權是位酒不離口，放浪形骸的道人，他自稱「天下都散漢鍾離權」（天下第一閑散之人鍾離權，後人誤解其意爲「天下都散，漢鍾離權」，遂將鍾離權訛稱是「漢鍾離」）。《宋史、陳摶傳》中的鍾離權，還曾是陳摶道士的座中上賓。

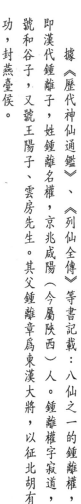

《東遊記》記載，鍾離權一出生就像三歲小孩那麼大，六天六夜都不哭，也不吃東西，到了第七天，突然站起來說了一句「身逐紫府、名書玉京」（紫府、玉京是玉皇大帝的宮城）。因其「自幼知識輕重」，心裏像有了砰砣，於是父親給他起名爲「權」（會盤算之意）。

成年後的鍾離權曾爲漢朝大將，一次奉詔征討吐蕃，不慎遭敵人夜襲軍營，全軍覆沒。他單騎逃入山谷，迷路於林中，巧遇一胡僧。胡僧引導他到一處村莊，對他說：「這是東華先生成道的地方，將軍可以稍事歇息。」隨即揖別而去。

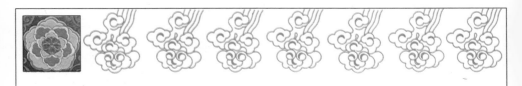

不久，突然聽到有人講話，權聞而大駭。但觀所居之地猶如世外桃源，知其必爲身外異人，乃回心向道。東華眞人於是專授他長生眞訣、金丹火候及青龍劍法。後又遇華陽眞人，授以太乙圭火符內功，最後在崆峒紫金四皓峰得玉匣祕訣，成了眞仙。

▲八仙之一：鍾離權（北縣三芝鄉八仙宮）。

【道教神祇】張果老

「舉世多少人，無如這老漢；不是倒騎驢，萬事回頭看。」

這是古人形容張果老的一首詩，頗耐人玩味。張果老列爲八仙之一，他最奇特的，是常倒騎著一隻白驢。白驢能日行數萬里。更有趣的，休息時，便將這驢似紙一般摺起來，放入巾箱中，乘時用水噴之，又成了眞驢。收放自如的驢，堪稱全世界最快速便捷的交通工具，即如今日的超音速飛機也不如。

張果老即唐代道士張果。所以加一「老」字，是因爲他長得老，歲數大。唐代道士葉靜能（一說葉法喜），說他是「混沌初分白蝙蝠精所變」，以此推算，至少有一萬八千歲；《枕中書》說他歷經「四劫」，歲數更爲嚇人。「劫」依佛教的說法，一劫爲四十三億二千萬年，四劫合起來，實在是個天文數字。

隱居於恒州中條山（今山西省永濟縣）的張果老，得宛丘、鐵枴李諸仙道法，往來汾晉間。唐太宗、高宗聞其名召之，皆不去。後唐玄宗命中書舍人徐嶠帶璽書迎之，乃出山。

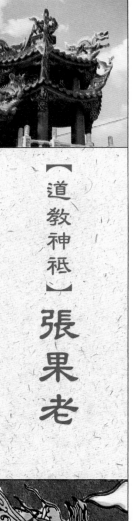

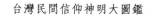

玄宗很想知道張果老的壽命有多長，一日，請來一個善知人夭壽的邢和璞，叫他推算張果老生死，邢和璞算了老半天都沒有結果。玄宗又找來一個能看見鬼神的師夜光，讓張果老坐在暗室中，師夜光也看不見他。玄宗知其是個神人，乃授他「銀青光祿大夫」，賜號「通玄先生」。

▲八仙之一：張果老（北縣三芝鄉八仙宮）。

【道教神祇】何仙姑

何仙姑是八仙中唯一的女性。《續通考》說、「何仙姑，廣州增城人，何泰之女也。」據增城當地的傳說，何仙姑原名何秀姑，生於唐武后某年農曆三月七日；父親何泰是做豆腐的，何仙姑還幫助父親賣過豆腐。

《歷代神仙通鑑》稱：「何女生而紫雲繞室，頂有六毫。」仙人下凡，生而有瑞相，並不是什麼稀奇事。「頂有六毫」，一般以為是頭頂上只有六根毛髮，其實這是一種誤解。

「六毫」之「毫」當指「毫光」。宋朝文人蘇東坡曾書寫一首偈子：「稽首天中天，毫光照大千；八風吹不動，端坐紫金蓮。」送給金山寺的佛印禪師。所以何仙姑的「頂有六毫」，指的是頭頂上有六道毫光。

有關何仙姑的得道因緣，古書所載並不一致。《集仙傳》說她十三歲時入山採藥，遇純陽仙師，贈之一桃，仙姑吃了之後，不久即羽化成仙，從此不知飢餓。《續通考》則說何仙姑十五歲時，夢見一神人教她吃雲母粉，可以獲得輕身。仙姑吃了雲母粉，發誓今生不嫁人，於是「往來山頂，其行如飛。」

成道後的何仙姑，常爲人占卜休咎，預測禍福。傳說有一位官員一日忽然得到一封天書，因看不懂天書上寫些什麼字，請示仙姑。仙姑說：「天書上說：你曾經接受別人賄贈黃金十兩，將減少五年壽命。」

在台灣並沒有主祀何仙姑的廟宇。僅在神壇前或民宅正廳內掛的「八仙綵」，以及野台戲正戲前的扮仙戲中可以見到。

▲八仙之一：何仙姑（北縣三芝鄉八仙宮）。

【道教神祇】藍采和

「踏歌藍采和，世界能幾何？
紅顏一春樹，流年一擲梭。
古人混混去不返，今人紛紛來更多。
朝騎鸞鳳到碧落，暮見桑田生白波。
長景明暉在空際，金銀宮闕高嵯峨。」

也是八仙之一的藍采和，個性放蕩不羈，行止怪異。他擅長在街頭隨性唱歌，「每行歌於城市乞索，持大拍板，長三尺餘，帶醉踏歌，老少皆隨看之。」《續仙傳》），他的才華洋溢，也可能希望寓教於樂，然而「歌辭極多，率皆仙意，人莫之測。」結果是曲高和寡，知音者少！

經常身著一件破藍衫的藍采和，出門一隻腳著鞋，另一隻則光著腳丫。炎熱的夏天，他反而在衫內加穿棉襖，寒冷的冬天，又光著身子倒臥在雪地上，竟然熱得冒出蒸氣，可見他的生理結構異於常人。每次唱完歌之後，別人給他錢，他用長繩把錢貫穿起來，一邊走路，一邊拖著繩子，銅錢掉到地上，也不回頭看一眼。如果遇到貧窮的人，也會送他們一些錢。

也許因爲藍老持板踏歌，人們聽不懂，只好以身教代替言教，告訴世人，對於金錢不要太貪心，而且要懂得行善助人。

藍采和的身世背景一直是個謎，《續仙傳》云：「藍采和，不知何許人也。」藍采和也不是姓藍，這是因爲他常著藍衫而得名。

▲八仙之一：藍采和（台北縣三芝鄉八仙宮）。

【道教神祇】呂洞賓

道教八仙中，以呂洞賓的名氣最大，傳聞也最多。呂洞賓又稱孚佑帝君、呂純陽、呂仙祖、呂仙公，供奉呂洞賓的廟俗稱爲「仙公廟」。

呂洞賓的姓名與籍貫說法不一。有說他姓呂名巖，字洞賓，號純陽子，唐蒲州永樂人。有說他名呂喦，河中府（山西永濟）人。然而，儘管他「來歷不明」，呂祖道術高明，救人無數，絲毫未減損民間對他的崇仰之心。

據傳呂祖出生之時，異香滿室，天樂鳴空，有一隻白鶴自天而降。天資聰穎的他，自幼即通曉典墳百家，然而長大後，考了二十多年，卻三舉進士不第。直到四十六歲（一說是六十四歲），又赴京考試，途中在長安酒肆遇到雲房先生鍾離權，被點化而得道。

呂洞賓在民間被視爲理髮業者的祖師爺。相傳臭頭皇帝朱元璋當上明朝皇帝後，每次理髮師爲他理髮，都會因不小心碰到頭上的瘡，而被處死。呂洞賓爲救理髮師，乃下凡扮成理髮師，前去替明太祖理髮，結果不但沒有把瘡碰出血，並把瘡很快治好了。明太祖爲了感謝他，要賞賜他金銀

財寶，他卻不肯要，只請求太祖賜他一面紅旗，插在理髮店門口，從此就被稱爲理髮業的守護神。

傳說四月十四日是呂洞賓的生日，這一天全省各地供奉呂洞賓的廟都會舉行祭典。

呂洞賓也是「五文昌」之一（常與關公、朱衣夫子、魁星、文昌帝君合祀），另民間也常將呂洞賓、關公、孔明、灶君等四位神明合祀，稱爲「四恩主」。

▲呂洞賓(即孚佑帝君，北縣淡水關渡宮)。

【道教神祇】

韓湘子

韓湘子本名韓湘，字清夫。據《唐書．宰相世系表》記載，韓湘子是唐代大文學家韓愈的姪孫，曾考上進士，官大理丞。

有關韓湘學道成仙之事，史書並未記載。能賦予韓湘些許仙味的，載於宋、劉斧的著作《青瑣高議前集》中。

有一天，韓愈勸勉韓湘努力向學，湘乃笑而作詩言志。詩曰：「青山雲水窟，此地是吾家。……一壺藏造化，三尺斬妖邪。解造逡巡酒，能開頃刻花。有人能學我，同共看仙葩。」

逡巡間便可釀成美酒，頃刻間便能開出鮮花，天底下那有這種事。韓愈面露疑惑之色：「你眞能做到嗎？」韓湘隨即開樽，果是佳釀，復又聚土，頃刻變出碧花兩朵，葉間並有金色詩聯一句：「雲橫秦嶺家何在，雪擁藍關馬不前。」韓愈不解其意。

後來韓愈因上書諫阻唐憲宗「迎佛骨」入京，觸怒了憲宗，被貶爲潮州刺史。途中，突然看見一人冒雪而來，此人正是韓湘。湘子說：「你還記得當年花上的詩句嗎？這裡正是藍關。」韓愈一聽恍然大悟，方信韓湘

▲韓湘子（即韓湘先師，屏東內埔昌黎祠）。

所言不虛。當天，韓愈遂與湘子共宿藍關。隔天，韓湘子臨走前送給韓愈一包藥，說：「趕快吃一粒，可以避瘴氣厲疾。」韓愈感念他的關心，滄然悲痛，不忍他離去：「你走了之後，什麼時候還能再看到你？」韓湘子回答：「恐後會無期了。」

八仙之一韓湘子，給人的形象是較年輕的，在台灣並無專祠的廟宇。

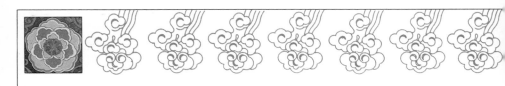

【道教神祇】曹國舅

中國的八仙是家喻戶曉、婦孺皆知的神仙組合，每逢迎神賽會或祝福拜壽，八仙常是不可缺少的角色。八仙的來歷雖然分屬不同的歷史時期，搭配在一起，圓滿巧妙，絕不是胡亂湊和。

明代王世昌在〈題八仙像後〉指出：「以是八公者，老則張，少則藍、韓，將則鍾離，書生則呂，貴則曹，病則李，婦女則何，爲各據一端作滑稽觀耳？」正因爲八仙的角色各殊，豐富多變，才能老少咸宜，流傳民間。

曹國舅在八仙中是最晚出現的一個。他的身世有三種說法。一說是宋仁宗之大國舅，名諱不詳。此據明無名氏《龍圖神斷公案》卷七〈獅兒巷〉所載。另一說曹國舅即宋太后的弟弟曹佾。清代學者趙翼在《陔餘叢考》卷三十四中言：「曹國舅，相傳爲曹太后之弟。按《宋史》慈聖光獻太后（即曹太后）弟曹佾，年七十二而卒，未曾有成仙之事。」這一說法曹國舅只是普通人，並無成仙事跡。

《歷代神仙史》卷四〈宋仙列傳〉所載，曹國舅係宋仁宗曹皇后的長

弟，名景休。國舅「天資純善，不喜富貴，酷慕清虛」。國舅有一個弟弟，經常不法殺人，國舅深以爲恥，遂隱居山林。一日遇鍾離、純陽二祖。問曰：「聞子修養，所養何物？」對曰：「養道．」曰：「道何在？」曹舉手指天。曰：「天何在？」曹引手指心。二祖笑謂曰：「心即天，天即道。子親見本來面目矣。」於是傳授國舅還眞秘術，引入仙班。

▲八仙之一：曹國舅（台北縣三芝鄉八仙宮）。

【道教神祇】王靈官

在宜蘭縣頭城與五結兩鄉鎮，各有一座奉祀王靈官爲主神的祠廟——喚醒堂與正勉堂。頭城的喚醒堂爲台灣早期的鸞堂，以扶鸞降乩聞名，其所主祀的王靈官，當地人大都不知道祂即是道教中赫赫有名的護法神。

王靈官的神像普遍被供奉在全國大大小小的道觀裡，其在道教中的地位，等於佛教的護法神韋馱。據《列仙全傳》及《三教搜神大全》所載，王靈官本名王善，原是湘陰城隍廟的城隍。薩眞人得道後，有一次夜宿城隍廟數天，王善乃托夢給當地太守，告知薩眞人在廟裡給他諸多不便，希望太守把薩眞人趕走。薩眞人被轟走後懷恨在心，於是運用法術把王善的城隍廟燒了。無廟棲身的王善從此尾隨薩眞人，希望伺機報仇，無奈薩眞人功行已高，跟隨了十二年，王善一直無法得逞。有一天，王善得知薩眞人即將升天做官，也不想再報仇了，於是告訴薩眞人，希望當他的部將，從此王靈官成了玉帝的御前大將。

王靈官被道教吸收後，成了道教重要的護法神將，常被供奉在靈官殿裡，鎮守道觀山門。

▲王靈官(即豁落靈公王天君，宜蘭五結鄉正勉堂)。

民間信仰的王靈官又稱王天君、王恩主、豁落靈公等，也有與關羽、孚佑帝君、灶君爺及岳飛元帥合稱爲「五恩主」者。

王靈官受到宜蘭頭城、五結兩地居民的崇奉，傳說是因日據時代，日軍攻擊五結地區的抗日軍，抗日軍節節敗退，幸賴王靈官現身，擋住日軍，抗日軍才倖免於難，當地居民乃隆重建廟祭之。

【道教神祇】鬼谷先師

民間經常可以看到一些算命館或命相攤打著「鬼谷神算」或「鬼谷神機」的招牌，在報章雜誌上，也常看到鬼谷子神機妙算的廣告詞。可見鬼谷子是民間算命卜卦界的祖師爺。鬼谷先師又稱鬼谷先生、王禪祖師，通稱鬼谷子。傳說中的鬼谷子本名王詡，爲軒轅時代的眞仙，居住在清溪（今湖北省遠安縣東南）的鬼谷，故人稱鬼谷先師，活在世上數百年。

晉朝郭璞曾有詩曰：「清溪千餘仞，中有一道士，雲生梁棟間，風吹牕牖裏，借問此何誰？云是鬼谷子。」

《錄異記》·《寧波府志》都記載，鬼谷子曾跟隨太上老君（即老子）學道，遠至中國西域一帶，到了周朝末年才返回中原。鬼谷子居住在漢濱鬼谷子，有百餘弟子跟隨他學道。戰國時代因提倡合縱連橫之術而出名的張儀、蘇秦也是他的弟子。惟蘇秦、張儀志不在神仙之道，跟隨鬼谷子學道三年即離去。鬼谷子還因此修書爲他們棄道返俗，爭名貪祿，而感到悲哀。

《列仙全傳》記載：「鬼谷子，春秋晉平公時人，姓王名詡，嘗入雲

夢山採藥得道，顏如少童，居青溪之鬼谷……鬼谷處人間數百歲，後不知所終，有《陰符》、《鬼谷子》二書行於世。」戰國時代後，鬼谷子留下《陰符》、《鬼谷子見果記》二書，後世人因他精通玄學，乃奉爲算命卜卦業的先師。傳鬼谷子雙目失目，作鏡掩之，故被民間眼鏡業奉祀爲祖師爺。其百餘名弟子中，除蘇秦、張儀外，另有孫臏、龐涓最爲出名。

在台灣並無主祠鬼谷先師的廟宇，僅台北市有一處「鬼谷先師紀念堂」爲先師第七十二代傳人陳英略所設。

▲鬼谷先師(台北石門鄉五龍宮)。

【道教神祇】飛天大將

飛天大將在台灣較爲少見，僅台北市、台中烏日及台南縣北門鄉有專祀的廟宇，以前信仰祭祀者以泉州人居多。

據神話中的記載，飛天大將原爲周文王的養子，名爲雷震子，文王伐討時，雷震子任前鋒，克敵無數，並收伏紂王之妻妲己，因其具飛天遁地的神通，所以後人乃以「飛天大聖」稱之。

飛天大將被道教吸收後，成爲道教第一神元始天尊的脇侍之一。據《高土玉皇大行集經》所載：「元始天尊昔在清微天中，……飛天大聖、無極神女、靈童玉女，九千萬人，清齋建節，侍在側焉。」

台灣的三座飛天大將廟都是直接由大陸移祀來台。台北廣照宮主祀的飛天大將，傳係某位醫生自原鄉移祀而來，因而也成爲鄰近民眾求醫之神。

台中烏日同興宮的大將，爲清咸豐年間移祀，至今已有一百多年的歷史。至於台南市北門西天宮的飛天大將，最初是由泉州漁民移奉來台，大將所扮演的應是航海守護神的角色。

北中南三地供奉的飛天大將，角色功能不盡相同，各廟的例祭日也不一。台北的廣照宮主祭日爲農曆九月一日，台南北門西天宮的祭日則在九月二十四日。

台北廣照宮的祭典最熱鬧，例祭之日，廟前都有子弟班隆重演出。

▲飛天大將(台北市長泰街廣照宮)。

【道教神祇】閻羅王

對於生前犯下極重惡行，罪無可赦之人，人們常說，他死後會被打入十八層地獄。姑且不論是否眞有地獄的存在，地獄之說已成爲苦難世界的代名詞，是使惡人死後現形受報的所在。而傳說中地獄的主管——閻羅王，擁有對地獄眾生的生殺大權，代表著地獄中賞善罰惡的公權力，故深爲人們所敬畏。

閻羅王，爲梵文 Yamaraja 的譯音，意譯爲「縛」，即縛有罪之人。閻王原爲印度吠陀時代的「夜摩神」，被佛教吸收後，成爲陰間地獄之王。閻王一詞有多種涵意。一曰「雙王」，謂兄妹共爲地獄之王，並受苦樂兩報。一曰「遮止」，即遮止罪人更造惡業之意。一曰「平等」，即法律之前，人人平等。

閻王傳入中國後，與道教信仰相結合，形成「十殿閻羅」之說。民間信仰中的「地獄觀」，認爲地藏王菩薩爲地獄的最高主宰，稱爲「幽冥教主」，其下管轄十殿閻羅王，即：一殿秦廣王、二殿楚江王、三殿宋帝王、四殿五官王、五殿閻羅王、六殿卞城王、七殿泰山王、八殿都市王、九

▲閻羅王（宜蘭市東嶽廟）。

殿平等王、十殿轉輪王。此十王各有不同的職司，分別審判亡者生前所犯的罪業，並施以刑罰。關於十王的來歷，也有佛經說是由佛菩薩應化轉世而來。在中國隋唐以後，更產生了無數中國籍的閻王，如包青天、寇準等，他們生前都是爲人公正的官吏，死爲「冥官」，正能符合民眾的期望。

十殿閻王在台灣多半附祀在「城隍廟」裡，在廟的兩旁都分別繪有閻王王執法的圖像，雖陰森恐怖，但多少有警世勸善的教化功能。

【道教神祇】孟婆娘娘

假如人有前世，爲什麼出生後會記不起前世的種種？

據《閻王經》記載，各類生命死後，都必須接受閻羅王的審判，不管有沒有受刑，最後都會押解到第十殿交與轉輪王，此王專管投胎。投胎前，都得先到孟婆娘娘的「醧（同《飫》，飽足）忘台」前，喝下「迷魂湯」（又稱孟婆湯），把前世一切恩恩怨怨之事忘光，才能轉世爲人。

孟婆娘娘是何許人也？《玉歷至寶鈔．玉歷之緣起》記載：孟婆神，生於前漢，幼讀儒書，壯誦佛經。凡有過去之事不思，未來之事不想，在世唯勸人戒殺吃素。年至八十一歲，鶴髮童顏，終是處女。只知自己姓孟，人故稱「孟婆阿奶」。入山修眞，直至後漢。

至於「孟婆湯」是如何產生的呢？據傳在後漢時，因有人能知前世因果，妄認前世眷屬，好行智術，洩露陰機，因而上天敕命孟女爲幽冥之神，建造醧忘台，選派鬼吏供祂使喚。並製成「迷魂湯」，供轉世之鬼魂飲用，使忘前生之事。

「迷魂湯」是怎麼做成的呢？書中記載：「用採取俗世藥物，合成似

酒之湯，分爲甘、苦、辛、酸、鹹五味。」如果有鬼魂抗拒不飲，地獄鬼卒會以鉤刀絆住鬼魂的雙腳，用銅管抵刺喉嚨，鬼魂只得忍痛喝下。

更有趣的，孟婆在陰間還特蒙閻王恩准開設「孟婆店」。店內雕樑畫棟、裝璜美麗，並有孟姜、孟庸、孟戈等三位絕色美女陪侍。其服伺之殷勤，「迷魂湯」之可口，令人不喝也難。

在台灣並無專祀或配祠孟婆娘娘的寺廟，僅在十殿閻羅的掛像中，繪有孟婆娘娘及「嘔忘台」。

【道教神祇】黑白無常

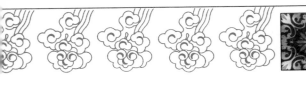

在民間信仰中，地獄與死幾乎是同一個名詞。地獄的可怕景象，更增添了死亡的可怖。「閻王要人三更死，從不留人到五更。」死期無常不可預知，又似命定而不可違，使人更加怕死。怕死仍不得不死，死後想要逃避閻王的審判也由你不得，因爲民間相信人死後，有專門勾魂攝魄的黑白無常，是閻王派去緝拿生魂的。有詩曰：「一朝若也無常至，劍樹刀山不放尹。」

黑白無常源自佛教的「無常使者」。《十王經》載：「閻魔法王遣閻魔卒，一名奪魂鬼，二名奪精鬼，三名縛魄鬼，即縛三魂至門關樹下。」無常鬼其實原來有三個。

無常鬼的形象一黑一白，素衣高帽，長髮，口吐長舌，十分可怕。據說，誰見了祂，也就是壽終正寢的時候了。清人李慶辰在《醉茶志怪》一書中曾記載一則故事：

有一位醫生，一天夜裡乘轎外出，路經一座城隍廟時，轎夫突然停步不前。醫生覺得怪異，隔著布簾，隱約可見二位身長及丈的大鬼，各穿著白衣與青衣，大步走向廟前。廟門突然自動開啓，二鬼依序入廟，門又自動關起來。當時月光皎然，看得一清二楚。回家數日後，醫生和轎夫四人卻死了三人，只有一位沒有看見鬼的轎夫僥倖存活。

在台南市公園路上有一座供奉陰陽公的小廟，該廟供奉的神像一黑一白，亦即是源自地獄的黑白無常。

◀白無常（台南市總趕公廟）。

◀黑無常（台南市總趕公廟）。

【道教神祇】牛頭馬面

牛頭、馬面是傳說中地獄裡的鬼卒，如同人間官府的衙役，負押解罪犯、緝捕逃脫的亡靈。

牛頭、馬面是鬼卒的泛稱，指的不是只有二人。如《敦煌變文，大目乾連冥問救母變文》：「目連行前，至一地獄，……獄卒數萬餘人，總是牛頭馬面。」可見地位中的獄卒成千上萬，卻都是同一副德相——牛頭馬面。

但傳說中的牛頭也有個名字。《五苦章句經》：「獄卒名阿傍。牛頭人手，兩腳牛蹄，力壯排山，持鋼鐵釵。」這位名爲阿傍的牛頭，力大如牛，據說他的前身也是個人。《鐵城泥犁經》說，牛頭「於世間爲人時，不孝父母」，死後變爲鬼卒，牛頭人身。有的佛經稱牛頭爲「防邏人」，取巡邏訪捕逃跑罪人之意。

馬面又叫馬頭羅刹。「羅刹」爲惡鬼。馬頭羅刹即馬頭人身的惡鬼。《楞嚴經》：「上者神識，見大鐵城，火蛇火狗，虎狼獅子，牛頭獄卒、馬頭羅刹，手持槍矛，驅入城內，向無間獄。」地獄陰森恐怖，種種酷刑

▲牛頭與馬面(北市廸化街霞海城隍廟)。

令人慘不忍睹，等待判刑或執刑的罪犯難免想畏罪逃脫，這時扮演地獄警察角色的牛頭馬面正好發揮其功能，以維護地獄的秩序，使罪犯無所遁其形。

牛頭馬面等鬼卒出自佛教，但後來被道教吸收後，在佛寺中並不多見。反倒是主祠東嶽大帝、青山王、十殿閻王等與地獄有關之神的廟祠，能看到他們的模樣。

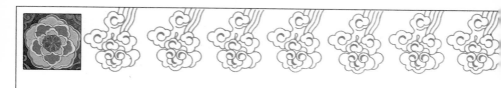

【道教神祇】七爺八爺

在民間迎神賽會行列的最前頭，經常可以看見一高一矮、形像怪異的神像。一尊形象慘白瘦長，高約丈餘，吊眼吐舌，頭戴「一見大吉」高帽；一尊矮小寬胖，獅鼻厚唇，左手拿「善惡分明」火牌，右手執扇。此二神即大家熟悉的七爺八爺，民間俗稱「高仔爺」、「矮仔爺」。祂們是城隍爺、嶽帝、閻王、青山王等陰間司法官的部屬，在神職上專司人間善惡行爲的暗訪。

七爺即謝必安將軍，八爺即范無救將軍，祂們的來歷有二種說法。一說范、謝二將軍是唐代人。安祿山叛變，兵襲長安，唐明皇遠逃西蜀。睢陽太守許遠與張巡堅守睢陽城，安祿山久攻不下。張巡派范謝二將軍出城討救兵，謝必安人高腿長，腳程較快，卻首先遇敵受擒，被吊死城頭。范無救遠見謝必安被吊死，藏在城河畔，竟不慎落水而死。二人無法突破重圍，睢陽終因糧盡兵疲而告失守。二將軍爲國殉難，被封爲護衛將軍。

另有傳說，謝范二人爲福建閩人，從小就是好朋友。一日，相偕出差，行到南台橋，忽然下起大雨，七爺回家取傘，八爺在橋下躲雨，豈知，

因雨勢過大，原本乾涸的溪床突然暴漲，八爺因身材矮小，不及逃走，竟被水淹死。而七爺回家取傘，突患急症，暫時休息一下，等醒來再到橋頭，河水已退，發現八爺屍體浮靠橋柱，七爺痛不欲生，想到是自己耽擱了時間，自責難當，遂在樹上上吊而死。二人陰魂到達地府，閻王嘉彼義氣深重，令在城隍駕前爲吏，專捕惡魔鬼邪。

傳說，如果遇到七爺出遊，只要跪下謝福，必蒙陰佑，所以稱祂爲「一見大吉謝必安」。但如遇八爺神巡，那可晦氣當頭，人命必終，所以稱「范無救」。

▲七爺與八爺(台南市廣澤尊王廟)。

【古聖先賢】黃帝

黃帝相傳爲中華民族的始祖。中國人自稱是「炎黃子孫」，炎指的是神農氏炎帝，黃指的是軒轅氏黃帝。

黃帝本姓公孫，因爲生長於姬水之濱，而在父親去世之後，改姓姬。因曾居於軒轅之丘（今河南新鄭縣軒轅丘），故取名「軒轅」。又崇尚土德，土是黃色，故稱「黃帝」。

相傳，他母親有一次到祁的郊外，突然看到大電光環繞北斗樞星，感而有孕，懷胎二十四個月，才生下黃帝。據說，呱呱墜地的黃帝就能說話。日角龍顏的相貌，是天生的「黃龍體」，長有「四面」，當時並有祥雲繚繞。

黃帝制伏蚩尤之事，在歷史上十分有名。傳說當時南方九黎族首領蚩尤強悍兇猛，經常侵擾其他部族。炎帝族被蚩尤打敗，便向黃帝求援。黃帝於是率眾部族，大敗蚩尤於涿鹿（河北）。蚩尤戰敗被殺，黃帝部族和炎帝部族合併爲一，統稱華夏族，自此一統中原，黃帝順萬民之意，即天子位，行天子事，偉大燦爛的華夏文化也從此而展開。

黃帝時代，有諸多偉大的發明，對華夏文明的推展居功厥偉。譬如爲了打敗蚩尤而造車，發明指南針，並與大臣研究制定天文曆法，妻子嫘祖教人養蠶絲，史臣倉頡創造了文字等。

然而，在台灣民間信仰中，黃帝只是裁縫業的守護神，不如其他神明那樣受崇敬。不過，台灣卻有一個以軒轅爲名的教派，於民國四十六年由王寒生創立，該教的主神就是黃帝。

▲黃帝（即軒轅大帝，北縣淡水關渡宮）。

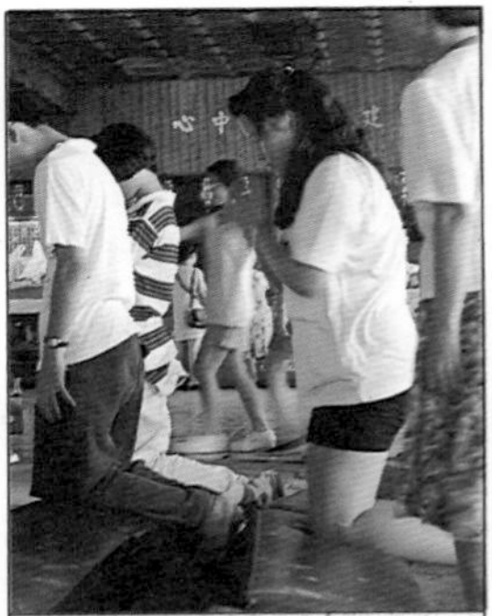

【古聖先賢】神農大帝

神農大帝即是古代三皇五帝中的炎帝。炎帝爲三皇之一。自古中華民族的人民都自稱爲炎黃子孫，可見炎帝在國人心目中的崇高地位。

據《國語》等史書所載，有熊氏的首領少典娶了有蟜氏的女子，生下黃帝和炎帝。黃帝成長於姬水之濱，故姓姬，而炎帝生於姜水之濱，故姓姜。

神農氏一生最大的貢獻是發明了耒耜、斧頭、鋤頭等生產工具，並教民耕種，使得當時的原始社會得以脫離漁獵生活，而進入農業時代。

我們知道，中華民族是以農立國的，開啓農耕時代的神農氏也自然倍受崇敬，因此直到今天，仍爲三皇五帝中最享香火者。

此外，神農也教人採桑種麻，織成布帛，做出衣裳。並發明了陶器，便利日用所需，他更提倡日中爲市，始創市場交易，促進商業發展。神農還製作了五弦琴來演奏，調劑人民的生活。

神農另一項爲人稱道的貢獻，是他「始嚐百草、始有醫藥」（《史記·補三皇本紀》），我國最早的一部藥物學即名爲《神農本草經》。因爲神農爲我國醫藥的始祖，所以民間也稱他爲藥王大帝。

神農大帝又稱五穀王、五谷仙帝、先帝爺、神農先帝、粟母王。神農「以火德生」，故又稱炎帝、開天炎帝。

過去台灣先民初抵寶島，一片荒蕪，最期望的就是五穀豐收，因而神農大帝也自然成爲農夫的守護神，各地也普通奉祀神農大帝。據《台灣民間宗教》所載，全省奉祀神農大帝的主神廟有八十座，不過實際數字應該沒那麼多，因爲這可能是把藥王廟也計算在內（藥王廟主祀的並不是神農大帝）。

▲神農大帝(新竹市東寧宮)。

【古聖先賢】

制字先師

文字的發明是文明發展不可或缺的要素，換言之，缺乏文字的文明，只能曇花一現。自稱有五千年歷史文化的中華民族，也可以說是由文字堆積起來的。因此廣爲民間熟悉的制字先師倉頡，因發明與整理文字，其功厥偉，自然深受民間的敬奉。

制字先師又稱蒼頡聖人、蒼頡先師，也稱左史蒼聖人，也有稱蒼頡爲倉頡的。傳說中的倉頡，「生而神聖，面有四目」，長大後，與沮誦分任黃帝左右史，這兩個人都創造了文字。（普衛巨山《四書勢略》載：「沮誦與倉頡同造文字，以紀萬事，世人多知有倉頡，鮮知有沮誦。」）協助倉頡一起造字的沮誦少有人知，直到清同治年間，才考證出他的豐功偉績，和倉頡至聖一起配祀在「文廟」。

倉頡是如何造字的呢？烏國翰《玉函山房輯佚書》載：「臣聞伏義氏作而八卦形其畫，軒轅氏興而靈龜彰其形。古史蒼頡，覽二象之爻，觀鳥獸之跡，別刱文字以代結繩，用書契以維事，宣之王庭，則百一以敘，載之方冊，則萬品以明。迄於三代，厥體頗異，雖依類取制，未能殊蒼氏矣，故周禮八歲入小學，保氏教國子以六書，一曰指事、二曰象形、三曰形聲、四曰會意、五曰轉注、六曰假借，蓋是史頡之遺法。」

對中國文明有卓越貢獻的倉頡，在台灣並無專祀的廟宇，從前僅有某些書院、書香世家及惜字亭下設有「制字先師」的牌位。在台地對於倉頡公的崇拜，以較重古風的客家地區較重視。先師誕辰爲九月十八日或三月二十八日。

▲制字先師(即蒼頡聖帝，新竹竹東五指山灶君廟)。

【古聖先賢】伏羲仙帝

伏羲仙帝又稱「太昊伏羲氏」。伏羲始畫八卦，故民間又稱爲八卦祖師。又有人認爲伏羲也是稱謂極複雜的「五顯大帝」（另四帝爲神農、軒轅、金天、高陽）之一。

伏羲仙帝爲上古時代三皇五帝之一。《白虎通．號》說：「三皇者，何謂也？謂伏羲、神農、燧人。」另皇甫謐的「帝王世紀」孫氏註裡，卻以「伏羲」、「神農」、「黃帝」爲三皇。二說雖不同，但「伏羲氏」爲三皇之一，應可確定無疑。

據《十八史略》所載，伏羲氏姓風，其「蛇身人首」的長像和女媧娘娘一樣。他「始畫八卦，作書契，以結繩爲政。」八卦的發明，以書契、結繩紀錄事情，爲中華文字發明、文化傳承的先驅。

其「製嫁娶，以儷皮爲體，制網罟、教佃漁，養犧牲（家畜），以庖犧，故云『庖犧』。有龍之瑞，以龍紀官、號龍師。以木德爲王，都陳。」

在位一百一十五年的伏羲，無論是在家庭、經濟、政治等各方面制度

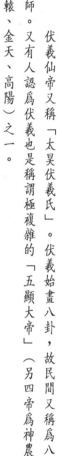

的建立，都有莫大的貢獻，也因此爲往後的「龍的傳人」，奠立了文明發展的基礎。

國人奉祀伏羲仙帝，是屬於神格化的祖先崇拜，也屬於靈魂崇拜之類。台灣地區以「伏羲仙帝」爲主神的廟宇，據統計有四座。一在台北縣文山鄉坪林庄，例祭日爲二月十六日；一在鶯歌鎮；一在台北市松山區；另一則在彰化縣和美鎮，例祭日爲八月十六日。據說彰化和美與台北縣坪林庄的伏羲仙帝廟是從福建的伏羲仙帝廟分靈而來的。

▲伏羲仙帝(即八卦祖師，新竹市東寧宮)。

【古聖先賢】至聖先師

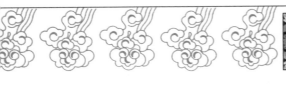

被視爲儒家創始者的孔子，可以說是三千多年來影響中國最深遠的教育家、哲學家與思想家。其因材施教，有教無類的作爲，早已被奉爲教師的典範，因而使孔子成爲萬世師表。孔子倡導的仁恕之道，也成爲中國哲學的思想精髓，因此而發展成型的儒家思想，也與佛道二家思想共同成爲中國文化的三大主流。

孔子名丘，字仲尼，奉秋魯國人。原擔任魯國大司寇，由於他的英明施政，曾使魯國呈現一嶄新的政治景象。無奈小人當道，使他不受國君重用，乃棄官周遊列國。

孔子曾先後遊歷衛、宋、陳、蔡、楚等國，但當權者競名逐利，一心只想掌握霸權，怎麼聽得下孔子的禮樂教化，孔子仍然不被重用。

出國三十年後又再返回魯國的孔子，自知無法在政治方面施展抱負，於是轉而從事文化教育工作。在文化方面，他刪詩書、訂禮樂、贊周易，以傳先王之道，並爲春秋正名，使亂臣賊子莫不畏懼。在教育方面，他開設私人講學風氣，弟子三千人，身通六藝者七十二人。其「有教無類，誨人不倦」的精神，永爲後世教育工作者的楷模。

孔子過世後，中國便有官建的孔子廟；每年舉行春秋二祭。台灣最早的孔廟，是明永曆十九年（一六六五年）鄭經在台南所建。過去的孔廟不只是廟宇，也是府、縣學（學校）之所在。因而台灣孔廟不同於一般廟祠，既不奉孔子像，也沒有設立香爐，且不對外開放供民眾參拜。目前台灣約有三十座孔廟，每年九月二十八日孔子誕辰，各地都會舉行祭典。祭典中，有由學生表演的八佾之舞。祭典結束後的拔智慧毛（牛毛）活動，則是最吸引人的焦點。

▲至聖先師(北縣淡水關渡宮)。

【古聖先賢】敵天大帝

在台灣供奉敵天大帝的廟宇僅有二座，一在宜蘭市的「新興宮」，一在嘉義縣新港鄉的「光天宮」。

敵天大帝又稱德天大帝、大師公、大帝爺，俗名林放，爲孔子七十二弟子之一，春秋魯國人。

《論語．八佾第三》記載林放問孔子「禮之本」。孔子回答：「大哉問——禮，與其奢也，寧儉。喪，與其易也，寧戚。」孔子嘉許林放問得好，並強調無論是一般的儀禮或喪禮，應儉僕不宜鋪張，重視內涵不要偏重形式。

據說，清乾隆三年，一位從福建省漳州府平和縣前來台灣移墾的林某，爲了旅途平安，特別隨身攜帶他祖先奉祀的「敵天大帝」神像，希望沿途保佑平安。因爲「敵天大帝」以往對地方治安有很大的貢獻，所以大家都相信祂的神威。尤其大帝姓林名放，所有林姓的家族，都奉爲祖先。

敵天大帝神像奉迎來台灣之後，經熱心民眾醵金建廟奉祀，即是當年建在台南州嘉義郡民雄庄的「敵天大帝」廟，也就是現在嘉義新港鄉的「

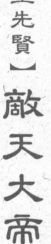

光天宮」。至於宜蘭市的新興宮，推測可能是從光天宮分香奉祀的。

傳說在建廟一百多年後的咸豐年間，有位地理師來到廟裡，認爲「敵天大帝」之名有與天爲敵的意思，是大不敬，因而曾一度改名「德天大帝」（或曰竹天），但經過幾年後，又再回到原來「敵天大帝」的稱呼了。

▲敵天大帝神位(即先賢林放，台北孔廟東廡)。

【古聖先賢】孫臏祖師

孫臏是戰國時代的名將與兵法家，以前一直被認爲與孫武是同一人，但近年來因《孫臏兵法》出土（在山東臨沂漢墓，計一萬一千餘條，約分爲三十篇），才確認實爲兩人。

孫臏其實是孫武的後代。孫武以《孫子兵法》著稱於世，其形象被定位在軍事家，孫臏雖然也精通兵法，但在演義小說的描述下，似乎已成了民間信仰中「法力」高強的神祇。

孫臏是齊國阿人，大約與孟子、商鞅處於同一時代，曾與龐涓同學兵法於鬼谷子。龐涓在魏國領軍，卻非常嫉妒孫臏的才能，竟暗中派遣部將殺害孫臏，斷了他的雙足，又在他臉上墨刑。孫臏從此以「臏」字爲名，並立誓復仇。

後來，齊威王任用孫臏爲軍師，起兵代魏。孫臏便用減灶之策，連續三天減少生灶火一半以上。龐涓看到孫臏的軍隊炊煙減少一半，以爲是因爲齊兵水土不服大量死亡，於是貿然進軍，準備一舉擒服齊兵，卻中了孫臏的伏兵，龐涓無技可施，乃刎頸而死。

▲孫臏祖師(鶯歌中正路宏德宮孫臏廟)。

唐朝以後，孫臏一直配祀在武廟之內。過去因爲誤認他即是孫武，神像多被廢祀，直到確認他與孫武不是同一人，才逐漸復祀。

在民國七十年前，台灣並無主祠孫臏祖師的廟宇，直到民國八十年初，才在鶯歌建造了一座宏德宮，主祀孫臏祖師。宏德宮的孫臏祖師神像十分巨大，每年農曆正月初三是祖師的例祭日，當地信眾紛紛前往上香，十分熱鬧。

【古聖先賢】開山聖侯

你可知道寒食節的由來？又爲什麼台地在寒食節，清明節期間會流行吃潤餅（春捲）呢？欲了解個中答案，不能不知道開山聖侯介子推此人。

介子推，春秋時人，事母極孝。在晉獻公殿下爲臣時，眼見晉獻公聽信愛姬的讒言，先殺了太子申生，繼而準備殺死次子重耳。子推忠於王室，忍痛辭別老母，追隨重耳亡命他鄉，在外流浪十九年之久。

逃亡期間，有一次食物斷絕，介子推竟割下腿上的肉給重耳充飢，使重耳免於餓死，可見子推事君之忠誠。不久，重耳返國接位爲君，即爲晉文公。豈料，晉文公重賞狐、趙衰、顛頡、魏武子等侍臣，卻把介子推忘了。介子推的侍從心懷不平，便做了一篇短偈懸掛在宮門。晉文公發現自己疏忽功臣，於是趕緊派人四處尋找，得知子推隨奉他的母親藏在緜山中。晉文公知道子推非常孝順母親，爲了逼他出來，下令放火燒山，沒想到母子兩人竟活活被燒死。

晉文公悲慟不已，遂將緜山命名爲介山，並建廟追祀。後人同情子推的遭過，也感念他「有功不受祿」的高尚情操，每年到了冬至後的第一百零五天——即清明節前一天，都斷火不煮食物，僅吃涼菜涼飯。所以叫做「寒食節」。後來有人發明潤餅（春捲），遂成應景美食。

開山聖侯介子推又稱開山侯、大伯公、開山大帝。在雲林大埤鄉怡然村有一座開山大帝廟，初建於清咸豐六年，傳說供奉的即是介子推。相傳當時有一位舉人帶著開山大帝的神像路過此地，夜晚借宿於民宅，卻被誤爲小偷，舉人百口莫辯，只好面對開山大帝發誓。不久，眞正的小偷被抓到，開山大帝就成爲當地人民信仰的地方性神明。

▲開山大帝(即開山聖侯，雲林崙背鄉開山廟)。

【古聖先賢】屈原

一提到屈原，不免會聯想到五月五日端午節——中國民俗三大節之一（另二節爲春節、中秋節）。雖然端午節的由來傳說有三種（另二說爲紀念東漢孝女曹娥爲父喪投江而死及春秋楚國伍子胥的忌日），但台灣地區仍以屈原投汨羅江而死，爲端午節緣起。在台灣，屈原同時也稱爲「水仙尊王」。

屈原又稱屈大夫、屈子、三閭大夫等，是戰國時楚人。名平，字原。楚懷王時，以王族身份出任三閭大夫，掌管王族的昭、屈、景三族。由於屈原每能呈獻建國讜言，頗能切中時弊，因而深得楚懷王重用。豈料上官大夫靳向妒嫉屈原的才幹，屢次向懷王進讒言。

懷王乃逐漸與屈原疏遠。爲排解煩悶的心，屈原作了「離騷」之賦，希望懷王知所反省，懷王之子襄王即位之後，仍聽信靳向的讒言，並把屈原放逐到長沙。原本欲一伸報國之志的屈原，絕望之餘，就在五月初五投汨羅江（今浙江省錢塘江）自殺。一生忠貞不二的屈原，死後留下了許多名垂千古的文學作品。楚國人知道他自殺之後，紛紛划船打撈他的屍體。

▲屈原(北投洲美街屈原宮)。

後人爲了紀念屈原，就形成「扒龍船」(龍舟競賽)的風俗。

傳說屈原投汨羅江後，有一楚國人在路上碰到了屈原的靈魂。屈原告訴這個人，人們爲祭祀他而投入江裡的食物都被魚蝦搶光了，因而希望轉告世人，餽贈的食物要密封在竹葉裡。從此人們遵照屈原的囑託，把米飯包在竹葉裡(最初是竹筒)，並在端午節這天上供，這就是今天端午節吃粽子的由來。

本省目前專祀屈原的廟宇於民國七十年十月十日(農曆)落成，是位於台北市士林區洲美里的「屈原宮」。

【古聖先賢】

巧聖先師

在高人面前獻技，自不量力、謂之「班門弄斧」，這是一句大家熟悉而常用的成語。這裡所指的「班門」，即指巧聖先師魯班。

魯班是歷史上一個著名的工匠，被木、瓦石等土木建築行業奉爲祖師爺。魯班姓公輸，名班，也叫公輸子、公輸般，他是春秋魯國人，所以被稱爲魯班。

魯班的出身有不同的說法。有說他本身就是工匠。《呂氏春秋，愼大覽》：「公輸般，天下之巧工也。」更有人以爲他是個窮工匠。「公輸子能用人主子材木，以構宮室台榭，而不能自爲專屋狹廬，材不足也。」意指魯班能替人建造富麗堂皇的房子，卻不能爲自己蓋一間小屋子，只因窮到買不齊建材。另有一說魯班出身於工匠世家。如《禮記．檀弓》載：「季康子之母死，公輸方小、斂，般請以機封。」還有一種迥然不同的說法，認爲魯班是魯昭公之子（漢趙岐《孟子．離婁》注）。不管魯班出身如何，後世認定他是位神乎其技的「巧匠」、「巧工」，已是無可改變的事實。

▲巧聖先師(台中東勢鎮巧聖先師廟)。

據《行神研究》所載，魯班有如此高超的技藝，是學自當代名匠鮑志。魯班又自定規或矩，並發明刨刀、鑿頭、鑽頭、斧刀等利器，爲建築界帶來莫大的便利，無怪乎會被視爲這一行的守護神。魯班最出名的是曾爲楚國造雲梯。據說他還製造了一種木鳥，可以飛上天，三天都不會掉下來。更神奇的，駕駛的人竟是一個木製的機器人。

在台灣有近十座祀魯班公的廟宇，其中以東勢的巧聖先師廟歷史最悠久，也最出名。

【古聖先賢】孔明先師

以神機妙算出名，集軍事家、政治家、發明家於一身的孔明先師，是民間婦孺皆知，且津津樂道的人物。《三國演義中》諸多精彩的情節，如草船借箭、火燒赤壁、七擒孟獲等，如果少了孔明，必然失色不少。

孔明先師原名諸葛亮、又稱諸葛武侯，三國時代陽都（今山東省臨沂縣）人，少年時隱耕於南陽臥龍岡。劉備駐兵新野時，仰慕他的才智，決心請他擔任軍師，親自三度到隆中的的茅廬拜訪，孔明終於被他感動，這就是有名的「三顧茅廬」。

孔明出任劉備的軍師，在赤壁之戰一役打敗曹軍，取得荊州、益州等漢中之地，建立蜀漢帝國，使蜀和魏、吳成鼎足三分的局勢。

孔明擔任宰相期間，勵精圖治，賞罰嚴明，推行屯田政策，並改善和西南夷的關係，對當地的文化、經濟貢獻非常大。劉備死後，一心想恢復漢室，與魏交戰數年，孔明卻不幸死於軍中，可謂「鞠躬盡瘁，死而後已」。

足智多謀的孔明，為了軍事用途，曾發明「諸葛燈」（孔明燈）、「

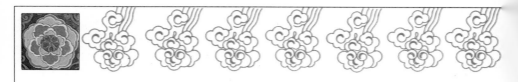

木牛流馬」（有利於山地運輸）等，死後並有《諸葛丞相集》一書傳世。

民間信仰中常將孔明、關公、呂洞賓、灶君等合祀爲「四恩主」。台灣唯一主祀孔明先師的廟宇，是位於南投縣魚池鄉內的啓示玄機院，院前塑有劉關張三顧茅廬像，廟右側另有一座三十尺高的諸葛武侯塑像，十分醒目。

▲孔明先師(南投魚池鄉啓示玄機孔明廟)。

【古聖先賢】關聖帝君

在民間赫赫有名的關聖帝君關公，論其知名度與奉祀寺廟之多，華夏諸神中沒有幾位足堪比擬，在台灣即有三百五十座以關公爲主神的廟宇，其中以台南的武廟歷史最悠久，而香火最盛者，當屬台北的行天宮。

關聖帝君即是三國時代蜀國的一名武將——關羽，字雲長，河東解良人（今山西解虞縣）。據陳壽的《三國志》記載，東漢末年，關羽亡命奔涿郡，當時劉備正在鄉里招兵買馬，他與張飛相偕投靠，義結金蘭，誓共生死，後世傳爲佳話：「桃園三結義」。

赤壁之戰前，曹操東征小沛，大敗劉備，關羽被俘。曹操封其爲偏將軍、漢壽亭侯，意在收攏關羽，但關羽不事二主，仍投奔劉備。劉備當時爲漢中王，拜關羽爲前將軍，假節鉞、率眾政曹軍，關羽水淹七軍，擒于禁，斬龐德，威震華夏。後孫權派將襲荊州，他不愼被吳將呂蒙麾下所殛，死後追謚「壯繆侯」。

宋朝以前，關公在民間的影響並不大。宋朝以後，關帝廟在全國普遍建立，關公的威靈才逐漸深入民心。尤其元末羅貫中的著名小說《三國演

義》誕生，更使得關公聲名大振，被視爲忠義與勇武的化身，而成爲全國性信仰的關公，也被儒釋道三教納爲共同的神明。

儒教以關羽爲文衡帝君，是五文昌之一，爲文教守護神。在佛教裡，尊關羽爲「伽藍」，被視爲護法之神。而道教則稱關羽爲「蕩魔眞君」、「伏魔大帝」。在民間，俗稱關公爲恩主公，而且被視爲財神之一。原因是關公爲人誠信，並精於理財。

▲關聖帝君(北縣淡水關渡宮)。

【古聖先賢】趙子龍

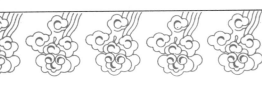

在台南縣佳里鎮有一個里名叫「子龍里」，是因當地有一座「子龍廟」而命名的。

據當地的傳說，該廟之子龍神像原是一塊水流木材，沿著曾文溪支流，漂流到佳里現址，竟停止不動，當地人撈起來看，木頭上赫然寫著「趙子龍元帥」五個大字，後經村人合議，請師傅雕刻金身，合力建廟奉祀。

趙子龍民間俗稱子龍爺或子龍元帥，原名趙雲，爲三國時常山眞定人，姿顏雄偉，驍勇善戰，曾隨劉備爲將。《三國演義》記載，劉備在長坂坡被曹軍打敗時，棄妻子甘夫人倉皇逃走，幸賴趙雲救回甘夫人和後主，後協助劉備攻取成都、定益州（今四川省），先後官封「翊軍將軍」、「鎮南將軍」。

年過七十，嘗爲曹軍所陷，反而爲趙雲所破，力斬五將，孔明稱他一身是膽。死後，追封「大將軍」，詔諡「順平侯」，並敕葬成都錦屏山，建立廟堂，四時享祭。

台地供奉趙子龍的廟宇並不多，大都集中在中南部。每座廟的主祭日都不同，其中較著名的台南佳里子龍廟，是以農曆二月十六日爲祭期。在祀典期前幾天，按例要先到麻豆請水，然後分兩天繞境附近地區。到了祭典前一天還請道士扛著油鍋，到境內挨家挨户煮油淨土，目的是爲了驅除邪疫，永保境內平安，家家事事順利。

▲趙子龍元帥(台南佳里子龍廟)。

【古聖先賢】周倉將軍

民間的關公畫像中，經常可以看到有二位部將站在關公後面，其中手持大刀者即周倉將軍，另一位是關公的義子關平將軍。由於關公的名氣很大，二位關公的部將也因此沾光不少，死後都升格爲神祇。

周倉將軍又稱周府將軍，關平將軍又名靈侯太子。一般周倉將軍與靈侯太子的神像都配祀在關聖帝君廟。但不知何故，在台南縣及彰化縣卻各有一座周倉將軍廟。

據《三國演義》的記載，周倉將軍原爲黃巾賊張寶的部將，張寶死後，據在臥牛山。後來關羽巧遇周倉，周倉久仰關羽盛名，乃自請追隨關羽。

這位「兩臂有千斤之力，黑面虬髯，形容甚偉」的周倉，確實十分神勇，其生擒龐德這一大功最膾炙人口，《三國演義》描述道：「龐德一手提刀，一手使短棹，欲向樊城而走，只見上流頭，一將撐大筏而至，將小船撞翻。龐德落於水中，船上那將跳下水去，生擒龐德上船，衆視之，擒龐德者，乃周倉也。」

神勇無此的周倉，卻在關羽敗走麥城突圍時不幸與關平雙雙遇害後，自殺相殉，他的忠烈精神，遂被後人敬奉爲神，長伴關羽身側。

座落於台南鹽水的周倉廟初建於清末葉，日軍據台時，曾因「妨礙交通」被拆除，直到民國五十年，才新建周倉爺廟（鎮南宮），規模雖不大，香火卻頗興盛。每年農曆六月十六日是周倉將軍的例祭日。

▲周倉將軍（新竹芎林鄉廣福宮）。

【古聖先賢】華佗仙師

中國的醫藥之神，歷代不乏其人，但論知名度之最，當屬神醫華佗，在台灣華佗仙師被奉爲中醫業者的祖師爺，大都供於業者開業的地方或家宅。

華佗是東漢沛國譙郡人，又名旉，字元化。通曉經史，有濟世的宏願，但生性澹泊名利，，一生拒不爲官。他精通方藥針灸之術，尤其長於解剖學。相傳他能動內外科手術，爲病患開腸破肚，清除體內的穢物。這在手術設備付諸闕如的古代社會，實爲驚人之舉。除了精湛的醫術外，他也深諳修心養性之道，他曾教授門徒非常奧妙的五禽之戲，據說如法行之，可以延年益壽。

民間傳說中最著名的華佗故事，莫過於「三國演義」中所載華佗替關公刮骨療毒那段。

《歷代眞仙通鑑》記載華佗活了一百多歲，因爲他養身有術，所以上百歲的華佗體力精神仍不輸年輕人，有關華佗的死因，民間都認爲是死於曹操之手。

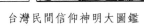

▲華佗仙師（北縣鶯歌孫臏廟）。

相傳曹操患頭疾，久治不癒。於是請來華陀。華佗認爲病根在腦袋，需開刀治療。多疑的曹操卻以爲華佗想趁機害他，於是將華佗處以死刑。在華佗入獄待刑期間，有一位吳姓獄卒，每天供奉華佗酒食，禮敬有加，臨刑前華陀乃送他一本青囊書答謝。死後，獄卒並爲棺殮，可惜這本青囊書卻被獄卒的妻子當柴火燒了，僅僅在餘燼中搶到兩頁有關閹豬閹雞的方法。另有一說，曹操找華佗治頭疾，華佗借故拖延，才被曹操處死。

在台灣主祀華佗的廟宇，僅有台中縣清水鎮的「教化寺」，及宜蘭的「三量玉尊宮」。

【古聖先賢】藥王

台灣民間奉祀的藥王大帝，一般以爲是神農大帝，其實，藥王所指的不只一人。歷代高明的醫生，如扁鵲、華陀、孫思邈、韋慈藏、保生大帝吳本等人，也都被奉爲醫藥之神。其中吳本及華陀另有專文介紹，請見他頁。神農嚐百草、治百病，故被尊爲藥王，是很自然的事。但神農被奉爲神明，主要貢獻仍在於教民種五穀，故神農亦稱五穀大帝。有關神農的事蹟，亦有專章介紹。

扁鵲是戰國時代渤海人。本名秦越人，號扁鵲，年少時。得長桑君的眞傳，服了一個月的藥，便能透視人的五臟六腑，找出病源，所治無不藥到病除。扁鵲的醫術高明，活人無數，曾令已死的晉大夫趙簡子、虢太子起死回生。難得的是，扁鵲的醫術能因人而變，遇到婦人，便當婦產科醫生，遇到小孩便爲小兒科醫生。可惜最後被嫉妒他醫術的太醫令李醯派刺客給害死了。

至於韋慈藏，爲唐京兆人，中宗景龍年間爲光祿卿，精通醫術、方藥。清康熙五十七年所建之台灣縣鎭北坊藥王坊，即以韋慈藏爲主神。

▲藥王(台南市永樂路藥王廟)。

以《備急千金要方》聞名於世的孫思邈，是唐代京兆華原人，醫術高超，救人無數。有一天，孫思邈外出行醫，路上見幾個人抬著棺木往郊外走。憑著職業敏感，他看見從棺材中流出幾滴鮮血，於是請求抬棺的人打開棺木，果然看到裏面有一個二十來歲的婦人，脈搏仍微弱地跳動。他隨即在「死者」身上扎了三針，不久婦人甦醒過來，旋即聽到嬰兒的哭叫聲，一舉救下兩命，時人稱爲神醫。

台灣以藥王大帝爲主神的寺廟只有台南市永樂路的「藥王廟」。

【古聖先賢】感天大帝

在台灣被視爲醫神的，除了華陀、保生大帝吳本以外，另一位就是感天大帝。相傳感天大帝即爲晉代的許遜，生於河南汝縣，曾當過江西省旌陽縣令，精通醫術。傳說他曾治好晉皇后的乳房腫瘤，而被封爲「慈濟眞人」。死後尊稱他爲「感天大帝」，民間也稱爲「許眞人」或「慈濟眞君」。

許遜在旌陽縣令任內愛民如子，廣施仁政，並發生不少神蹟。有一年，旌陽縣鬧飢荒，百姓吃飯都成問題了，更擔心無法繳稅租而苦惱萬分。這時許遜想出一個兩全其美的辦法，他先以靈丹點瓦礫成金，派人偷偷埋在府衙的園圃裡，然後把那些無錢納稅的貧窮人家，都叫到園圃耕作，沒想到鋤地得金，便分攤給他們去納稅，及時紓解民困，因而備受百姓愛戴。另有一種傳說，許遜曾發明「救飢丸」，在鬧飢荒時吃了可以活命。

後來，許遜因感晉室朝廷不振，便棄官回鄉。臨行前，當地百姓益思其恩德，極力挽留。但他去意甚堅，百姓不得已只好立祠供像。據說爲他送行的場面萬人空巷，有送到千里之外才回來，更有隨他離去而不復返的

▲感天大帝(桃園大園鄉仁壽宮)。

，可見其恩澤之廣大。

《太平廣記》記載，許遜於東晉孝武帝太康二年八月一日，在洪州西山，全家四十二人「拔宅上昇仙去」，成語「一人得道，雞犬昇天」指的就是許遜。

台灣主祀感天大帝的廟共有二座，一座在桃園，一座在澎湖，其中以創立於清光緒十一年的桃園仁壽宮歷史較悠久。

【古聖先賢】韓文公

韓文公即唐代大文學家韓愈，爲唐宋八大家之首，可見其在中國文學史上的崇高地位。然而韓愈被民間奉爲神明祭祀，倒不是由於他在文學上的成就，而是他在潮州當官時，去除了當地的鱷魚之患，並且重視文化教育，廣設塾堂，使潮州人文蔚起，臻於文明之境，而被當地人奉爲神明。在台灣有韓文公祠，也是早期潮州人移民來台分靈奉祀的。

韓文公又稱「昌黎伯」，唐孟州河陽（今河南省孟縣，另有一說是鄧州南陽人）人，字退之。三歲失怙，卻能刻苦力學，通六經百家之書。二十五歲時登進士，曾累官至監察御史。因爲生性耿直，直言不諱，因此屢次得罪朝廷，致遭多次貶官。憲宗時，因諫阻迎佛骨之事，被貶爲潮州刺史。不久又到袁州做刺史。

雖然官場不得意，韓愈所到之處都能勤政愛民，備受民眾愛戴。其中，潮州人民感念最深。韓愈到潮州當官前後不過半年多，潮州人念其恩德，爲他建祠塑像，並將流經潮州的員江改名爲韓江，將原雙旌山改名爲韓山，足見潮州人對韓愈的崇敬與感激之情。

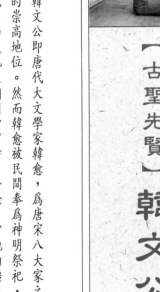

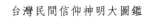

▲韓文公(屏東內埔鄉昌黎祠)。

韓愈在文學上的成就，有所謂「文起八代之衰，道濟天下之弱」。其倡導古文運動，強調「文以載道」，在當時，對魏晉以降崇尚駢儷、華而不實的文風，有正本清源的影響力，因而奠立了他在中國文學史的重要地位。

在台灣專祠韓文公的廟宇，僅有屏東縣內埔鄉的「昌黎祠」，另在台南三山國王廟右廂房也附祠有韓文公的神像。

【古聖先賢】田都元帥

田都元帥民間俗稱「相公爺」、「雷元帥」、也稱「宋江爺」，和西秦王爺一樣，被傳統戲劇界、音樂界尊爲守護神。

田都元帥係指何人？有二種說法。一說是唐天寶年間的樂工雷海青，玄宗時負責管理宮內梨園弟子，死後被追封爲太常寺卿，後被梨園子弟奉爲守護神，進而成爲民間的音樂之神。

二說祂是玄宗時代張巡的部將雷逢春。一日奉旨征番，不幸被困北山，久等援兵不至，危急存亡的關頭，情急智生，乃取皮革剪成人形，命士兵日日操弄耍演。由於演得精彩，敵軍竟看得入迷，無心戰事。不久雷逢春趁夜一舉突襲，大獲全勝。凱旋回朝後，皇帝命其在宮前獻演，皇帝大加讚賞，敕封爲大元帥。

據說，雷逢春殉難後爲神護駕，皇帝看見旗幟上有一田字，立即封爲田公元帥，而實際上，田字原爲雷字，因上半雨字被雲層遮蔽了。

田都元帥究竟是雷海青或雷逢春，並無定論。不過，據悉雷逢春是雷海青的弟弟。

田都元帥在台灣深得南管戲派藝人奉祀。宜蘭、蘇澳的田都元帥廟，每年六月十一日例祭日都要舉行盛大的慶典。除爲台灣的音樂戲劇之神外，田都元帥也是民俗藝陣宋江陣的祖師爺，所以田都元帥又被稱爲「宋江爺」。

台灣地區以田都元帥爲主神的祠廟已知有六座。

▲田都元帥(台北市保安宮)。

【古聖先賢】西秦王爺

西秦王爺是台灣戲劇界及傳統音樂界供奉的兩大主神之一，一位是田都元帥，另一位相傳即是唐玄宗皇帝（唐明皇）。

唐玄宗名隆基，年少英武，有謀略，曾平韋氏之亂。繼睿宗之後，嗣立爲帝。玄宗先後任姚崇、宋璟爲相，在長達三十年間，政治修明，百姓安樂，史稱「開元之治」。

昇平日久，風流文雅的玄宗醉心於歌舞音樂，在後宮建有戲台，當時稱爲「梨園」，網羅天下藝人之菁英登台演出，盛極一時。後世乃稱戲劇界爲「梨園」。從此玄宗不但被尊爲戲劇的開山祖，也被當作音樂之神來供奉。

到了晚年，玄宗因寵愛楊貴妃，加以沈迷於歌舞昇平的日子裡，終引起安祿山之亂，首都長安被攻陷，玄宗帶著貴妃西奔，後來把王位讓給太子。自己住在西蜀當太上皇，由於這裡地當西秦，所以被稱爲西秦王爺。

據說，本省的民間音樂，凡屬於福祿（古路，舊派音樂）北管的，都供奉西秦王爺，凡屬於西皮（西路，新派音樂）南管都供奉田都元帥。在日本人佔領台灣之前，基隆、宜蘭地區是福祿與西皮戲派紛爭最激烈的地區，信奉西秦王爺者，常與信奉田都元帥的信徒，因爭執誰好誰壞而械鬥，此風直到日人佔領台灣後才絕跡。現今兩大派早已不分彼此，共同迎接西秦王爺的神誕。

民間傳說，想從事戲劇工作的人，信奉西秦王爺，會使自己技藝高超，而登台演出前，飲了供奉西秦王爺的茶，則不會怯場。目前本省供奉西秦王爺爲主神的廟宇共有六座。

▲西秦王爺(台北縣金山鄉五英殿)。

【古聖先賢】保儀尊王

保儀尊王又稱保儀大夫，民間俗稱「尫公」或「尫元帥」，其夫人稱爲「尫媽」。

保儀尊王的來歷有多種不同的說法。有說保儀尊王爲唐玄宗時睢陽太守許遠。有說保儀尊王爲唐代開元進士張巡，保儀大夫爲許遠。諸說不同，唯一相同的是，祂們都是農業的保護神。

許遠是杭州鹽官（今浙江海寧）人，生於唐中宗景龍三年，爲人寬厚，貌如其心，有行政專長，更擅於軍事運用。玄宗天寶十四年，安祿山叛變，有人向玄宗推薦許遠精通兵法，可敉平叛亂。玄宗立即召見，並派他爲睢陽太守，兼防禦使。

上任之後，軍情告急，這時剛好張巡帶三千兵卒前來，許遠便與張巡之兵力聯合，共禦賊軍。個性謙遜、不好出頭的許遠，把指揮大權讓給張巡，自己屈居下位，毫不以爲意。與賊軍交戰數月後，存糧已用罄，繼之殺戰馬，抓鼠捕雀維生，最後甚至殺妾以饗士卒，仍不幸城陷被捕，許遠與張巡寧死不降，爲國捐軀的精神可歌可泣。事後朝廷追贈許遠爲「荊州大都督」，張巡爲「揚州大都督」，並在睢陽建廟敬祀，題名「雙忠」。

傳説，許遠殉國後，英靈升天，玉皇大帝嘉許他的志節，敕封爲神，專司驅除蟲害、保護禾苗的重責。

保儀尊王以北部地區的信徒較多。早期的尪公信仰，都由某氏族自祖廟分靈而來，由該氏建廟奉祀，因而不少尪公被冠以姓氏稱之。如著名的北投保儀尊王廟的尪公，即稱爲「高尪公」。

▲保儀尊王(北投稻香路集應廟)。

【古聖先賢】雷虎大將

雷虎大將又稱雷虎元帥、雷虎天尊、武安尊王，本省民間俗稱騎虎王」。雷虎大將即與「保儀尊王」許遠及「英濟王」張巡同生死、共患難而壯烈殉國的雷萬春，因爲三人同時殉難，所以民間善信又統稱他們爲「大使公」。

雷萬春爲張巡的部將，勇猛善戰，個性剛毅不屈。唐玄宗天寶年間，安祿山叛變之初，雷萬春跟隨張巡固守雍丘，突然遭到叛將令狐潮率大軍圍城，雷萬春隨即站立城頭大罵叛賊不忠不義，叛軍非但不理睬，竟飛箭射雷萬春，箭如雨下，雷萬春不及閃避，臉上中了箭，但仍屹立不倒。後來又追隨張巡、許遠守睢陽，但被敵軍圍攻日久，終被飢餓所擊敗，城破被俘，不屈，和張巡同時遇害。

雷萬春殉難後，後人景仰其威武不屈的精神，奉爲「騎虎王」，並於所塑神像臉上繪六黑點，表示身中六箭仍不倒的英勇氣節。

台灣奉雷虎大將爲主神的祠廟，僅見於台南縣佳里鎮佳里興的震興宮。震興宮初建於清雍正年間，並先後於道光元年（西元一八二一年），同

治七年（西元一八六八年）、光緒二十七年（西元一九〇一年）歷有修葺。清同治七年重建時，請來交趾燒名匠葉王製造全套的三國演義故事及花鳥、人物裝飾殿宇內外，極具藝術文化價值，也爲該宮增色不少。

在震興宮廟埕上矗有一水泥紀念碑，上書「古天興縣治紀念碑」，這正說明現今的佳里興，正是當年鄭成功置天興縣治的所在。

▲雷虎大將(台南佳里震興宮)。

【古聖先賢】朱文公

朱文公即宋代理學家朱熹，民間對祂的稱呼甚多，如朱夫子、朱衣星君、紫陽天子、文昌朱衣公等。朱文公在民間爲讀書人祭祀的神，與文衡帝君、孚佑帝君、文昌帝君、太魁星君合稱五文昌帝君，且以朱衣星君專門掌理考試和銓敘，類似現代的考選部長。

朱熹、南宋江西婺源人，字元晦，又稱仲晦，晚號晦菴、晦翁，又號雲谷老人、滄洲遁叟。他在紹興年間考中進士，先後在高宗、孝宗、光宗、寧宗四個朝代做官，累官至寶文閣待制。

朱熹於寧宗九年逝世，世壽七十一歲，死後謚號曰「文」，宋理宗寶慶年間，追封爲信國公，後又奉至孔廟從祀。到了清代，朱熹更被升爲歷代十聖哲的第二位。

朱熹論學以居敬窮理爲主，主張格物致知、反躬踐實。宋代理學，到朱子而集大成。朱子論學的地方叫「考亭」，所以後人稱他的學派爲「考亭學派」。其最有名的著作是《四書章句集注》，被明清科舉奉爲準則。

朱子的思想宏通而細密，是中國思想史上極爲重要的人物。其德學不僅望重士林，影響力更深入民間。所著《家禮》一書在民間影響最大，舊時民間婚喪嫁娶諸禮，率多遵從之。

台地最早的朱文公廟，是位於台南市的朱文公廟，爲台廈道陳濱於清康熙五年（西元一七一二年）發起建立的。各地的文昌祠或文廟也大都配祀有朱文公神像，農曆九月十五日爲朱文公誕辰日。

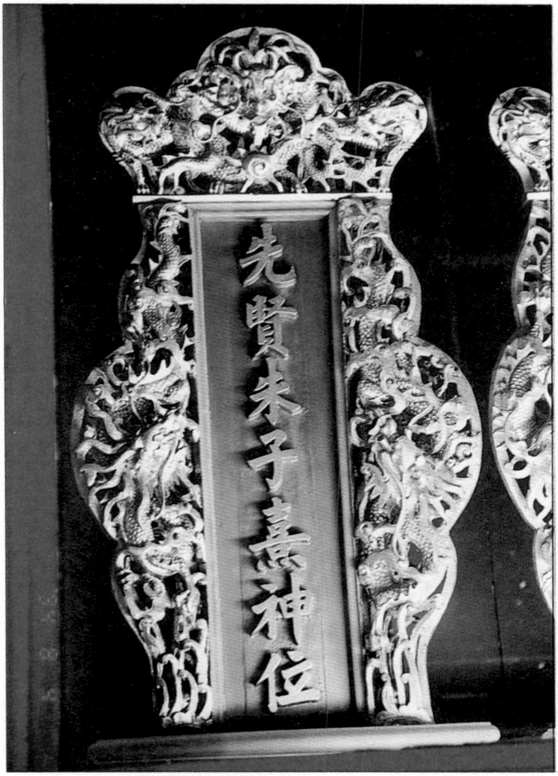

▲朱文公(台北孔廟大成殿)。

【古聖先賢】岳飛

岳飛被民間視爲神祇來祭拜，是因爲其精忠愛國的英勇表現。其助宋抗金的彪炳功業，一般人知之不詳，卻因被秦檜陷害，在監獄中冤死，而使其英名流傳民間，普受國人崇敬。

宋朝以降，國人相繼受到異族的統治，岳飛更成爲民眾抵禦外族、中興復國的精神象徵。故而明代以後，民間私建的岳王廟逐漸普遍，清代朝廷因岳飛曾敗清人的祖先而不予祭祀，而台灣卻有七座岳王廟建於清代。

岳飛又稱「岳武穆王」、「岳忠武王」、「岳王爺」、「岳元帥」等，宋朝河南湯陰人，字鵬舉。據傳因出生時有大鵬飛鳴屋頂，因取名「飛」字。岳飛出生不滿一個月，黃河決堤，母姚氏抱他坐在小甕中，被洪水衝到岸邊，倖免於難，地方人士驚爲異數。

岳飛年少時家貧，但勤奮好學，尤好讀左氏春秋，喜孫子兵法。宋徽宗時，擬從軍報國，抵禦外侮，但又怕不能孝順母親，岳母乃在其背書「精忠報國」四字。

岳飛自知忠孝不能兩全，毅然投軍報國。智勇雙全的他，屢次大敗金

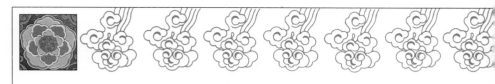

▲岳武穆王(宜蘭碧霞宮)。

兵。紹興十年，岳飛大破金兵於河南朱仙鎮，正準備直搗黃龍（金人發祥地），以雪靖康之恥時，卻因奸臣秦檜力主議和，一天內連下十二道金牌令岳飛班師回朝。功虧一簣的岳飛，不久後更因「莫須有」的罪名入獄，隔年竟被害死獄中，時年才三十九歲。

在台灣奉祀岳飛的廟宇有十一座，每年農曆二月十五日是岳武穆王的例祭日，全省各地的岳王廟都會舉行盛大的祭典。

【古聖先賢】三忠公

三忠公即指宋末爲國捐軀的文天祥、張世傑及陸秀夫等三烈士。台灣全省僅頂雙溪有一座專祀的廟。

文天祥，宋代吉水（今江西吉水縣）人，字宋瑞，又字履善，號文山，理宗時舉進士第，繼任贛州知州。恭宗德祐初年，元兵入侵，天祥立即發郡中豪傑及溪峒山蠻，應詔勤王，官拜右丞相。奉使到元軍議和，被扣留。到了鎮江，乘夜逃出，輾轉至溫州，益王繼立，召至福州，進位左丞相，都督江西，又爲元軍所敗，退走遁州。晉封信國公，進屯潮陽，再爲元將張弘範擊敗，勢窮被俘，在燕京囚禁三年之久。在獄中，嘗作「正氣歌」以見志。

張世傑，宋時范陽（今河北涿縣）人。由小校累官至保康軍承宣使時，元軍已迫及臨安。世傑見敵軍勢眾，各郡相繼失守，大勢已難挽回，便從帝昺輾轉退至厓山據守，被敕封爲越國公。無奈，元將張弘範攻至厓山，世傑率軍艦迎敵，但寡不敵眾，厓山遂告失守，帝昺旋即投海身亡。後來擬請趙氏之後繼立，意圖東山再起，卻遭颶風襲擊，溺斃海中，齎志以歿，令人扼腕！

陸秀夫，字君實，宋末鹽城（今江蘇鹽城縣）人。性沈靜而有志操。理宗景定年間，舉進士第，累官至宗正少卿。恭帝德祐年間，邊事告急，以禮部侍郎前往軍前請和，不成。後與張世傑等立益王於福州。王殂之後，又立衛王，以秀夫爲左丞相。元軍破厓山，秀夫仗劍驅妻子投海，他自己也背負帝昺跳海以殉。慷慨赴義之壯烈情操，令天地動容！

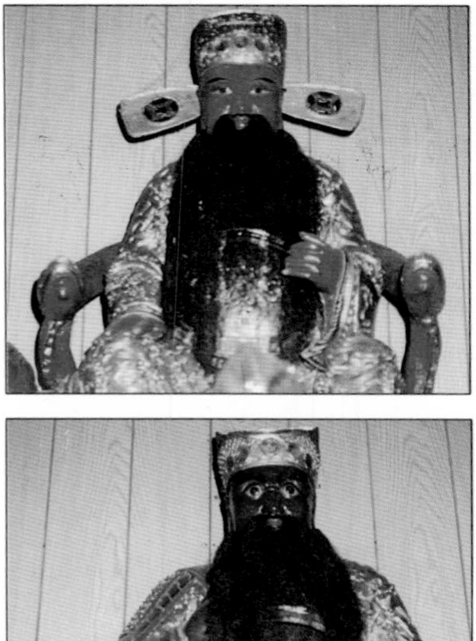

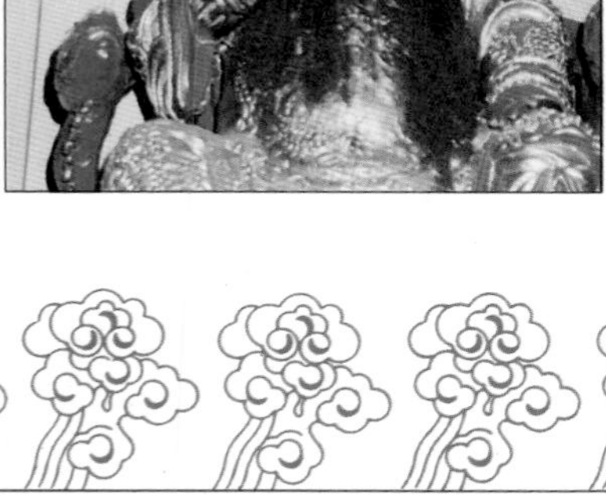

▶由上至下：文天祥、陸秀夫、張世傑（北縣瑞芳頂雙溪三忠公廟）。

【古聖先賢】包青天

貪贓枉法的貪官污吏，自古而今，是百姓深惡痛絕的。尤其在人治重於法治的古代社會裡，因爲執法不公所導致的誤判或冤獄，防不勝防，最令百姓畏懼，相形之下，清官廉吏，也就倍受百姓尊崇愛戴。其中被視爲正義的化身，最爲人們熟悉的，則非宋代的包公包青天莫屬了。包公的公正形象深植民心，無怪乎千後年的今天，電視劇上所演的包青天仍然受到廣大群眾的歡迎。

包青天即包拯，宋盧州合肥人，字希仁。及長，舉進士，官拜大理評事，掌刑法。仁宗時，授龍圖閣直學士，故包拯亦稱包龍圖。嘉祐元年攝理開封府，後又拜禮部侍郎等職。

官運亨通的包公，沒有因爲位高權重而迷失自己，反而更忠於職守。其敦厚耿直的個性，清廉公正的作風，得罪不少人，卻使權臣豪貴不敢太囂張。而他明察秋毫的審案、客觀公正的判決，使作犯奸科者無所遁其形，也平反了不少冤獄。其中以審陳世美案最膾炙人口，當時京師甚至有「關節不到，有閻王包老」之諺，顯見他在民間所受之敬重。

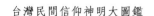

包青天也稱爲閻羅天子。這是因爲民間相信死後的包青天到十殿閻羅第五殿當官去了，「晝間治陽世，夜裡治陰司」，希望他統管陰陽兩界，爲生者平冤，也不要讓亡者死不瞑目。

已知台灣奉祀包青天的祠廟共有六座。其中以包公爲主神的有三座，計台中縣兩座，高雄市一座。

▲包青天(台北萬華青山宮)。

【古聖先賢】保生大帝

在台灣諸神信仰中排名第八位的保生大帝，是一位醫術高明的神醫，民眾尊崇祂的醫德，乃將其人格轉化爲神格，不但百姓敬奉，醫生和藥商祀之尤爲虔誠。

據《同安縣志》記載，保生大帝又叫「大道公」、「吳眞君」、「眞人先師」等。他姓吳名本（音滔），宋代龍海白礁人。出身寒微，自幼資質過人，博覽群書，精於採藥煉丹和針灸。藝成後四處行醫，治病如神，甚至可以起死回生。許多人拜他爲師，如黃醫官、程眞人、鄭仙姑等皆是他的門下。吳本弟子滿天下，行醫濟世之餘，並有醫書問世，計有內外科十三冊之多。

相傳宋仁宗的母后患了乳疾，太醫治不了，後經吳本診斷，藥到病除，仁宗大喜，要他留在宮中作御醫，吳本對皇上說：「我志在修眞，慈悲濟世，救死助傷，榮華富貴非我所願。」吳本回到民間，把他的一生奉獻給疾苦之人。他死後，鄉里在白礁村修了秋龍庵紀念他。宋高宗時，命人重修秋龍庵，就是後來的白礁慈濟宮。

在台灣學甲的慈濟宮，即是仿照大陸白礁慈濟宮的規模樣式興建，相傳是鄭成功登台的先鋒軍所建。

據《台北市志》記載，清康熙二十八年，台灣瘟疫猖獗，醫生們束手無策，福建籍鄉民渡海請來白礁慈濟宮的保生大帝，供於南部，瘟疫很快絕跡。此後，保生大帝廟宇遍布全島，至今已有近三百座。著名的廟宇，北部爲大龍峒保安宮、永和保福宮，南部則以台南縣學甲的慈濟宮、台南市的廣濟宮爲主。

▲保生大帝(北縣淡水關渡宮)。

農曆三月十五日爲大道公誕辰，各廟都會舉行盛大的慶典，熱鬧非凡。

【民間俗神】盤古

「自從盤古開天闢地以來……」這是中國人描述人類歷史起源最常用的開場白，可見盤古爲國人心目中創生萬物之神，也可以說是中國人的造物上帝，只是沒有發展成西方宗教以上帝爲中心的一神教信仰型態。

盤古又稱盤古公，本省民間稱爲盤古大王或盤古星君，也就是太古時代的「盤古氏」、「渾沌氏」。

盤古爲神話中的人物，無具體的史實可考。但認定盤古爲開天闢地第一人的古籍卻不少，且言之鑿鑿，如梁任防著《述異記》言：「盤古氏，天地萬物之祖也，然則生物始於盤古。」此認爲天地萬物造端於盤古。《五運歷年紀》又說：「元氣鴻濛，萌芽滋始，遂分天地，肇立乾坤，啓陰感陽，分佈元氣，乃孕中和，是爲人爲，首生盤古。」此說認爲先有天地而後有盤古。盤古爲乾坤交融、陰陽互感所生之人。

另《太平御覽．天部下》說：「天地混沌如雞子，盤古生其中，萬八千歲。天地開闢，陽清爲天，陰濁爲地，盤古在其中。……天日高一丈，地日厚一丈，盤古日長一丈，如此萬八千歲，天數極高，地數極深，盤古極長，後乃有三皇。」此說以爲盤古與天地共生共長，也因盤古而有後來的三皇五帝。

傳說中的盤古公在完成創造天地的艱鉅任務後，終於累死在大地上，頭化爲嶽，眼化爲日月，脂膏化爲江海，毛髮化爲草木。另有傳說盤古公頭泣淚爲江河、氣爲風，聲爲雷，雙瞳爲電；喜爲晴，怒爲陰。據說南海有座盤古公的墳墓，橫亙三百多里。

▲盤古公(新竹市東寧宮)。

在台灣目前登記有案的盤古廟有四座。

【民間俗神】女媧

在宜蘭壯圍鄉有一座名稱頗爲特殊的「補天宮」，所祭祀的即是傳說中的女媧娘娘，是上古時代鍊石補天的女神，又稱女希氏、媧皇等，也有人認爲女媧氏即是俗稱的九天玄女（事實上是不同的神祇）。

傳說中的女媧也被看成盤古一樣，是人類的創世神和始祖神，而且是一位神通廣大的女神。

傳說女媧最初用黃土混合水，仿造自己的模樣造人，但後來她覺得這樣造人的速度太慢。於是扯下一根藤條，蘸滿泥漿，揮舞起來，星星點點的泥漿灑在地上，都變成了人，自此大地很快佈滿了人類的蹤跡。

爲了讓人類繁衍下去，女媧更創建了婚姻制度，自己充當人類的第一個媒人，並規定同姓氏不得結婚。後人感念女媧對於建立婚姻制度的貢獻，尊奉祂爲媒神之祖，也就是婚姻之神。

有關女媧補天的神話，也是傳誦久遠的。《十八史略》記載「女媧氏，以木德王，始有作笙簧（樂器名）。諸侯共工氏，與祝融戰而不勝，乃怒而以頭觸不周山，崩，天柱折，地維缺；女媧氏乃鍊五色石補天，斷鰲

（大龜）足，立四柱，聚蘆灰以止滔水（洪水），於茲地平天成，不改舊物。」

補天修地能完好如初，女媧之神通令人嘆爲觀止。補天之說係一神話，無法考證。然而現今人類面臨臭氧層破裂的威脅，天空破了一個大洞，已不是神話，只是誰來補天呢？

由於女媧能補天，因此民間的製傘業者、紡織業及瓦窯業者皆奉爲守護神。在台灣奉祀女媧娘娘或地母娘娘的廟祠共有十座。

▲女媧娘娘（宜蘭壯圍鄉補天宮）。

【民間俗神】彭祖

在眾多神明中，以長壽出名的，除了壽星南極仙翁外，當屬彭祖了。傳說活了八百二十歲（或謂七百八十歲）的彭祖，原名錢鏗，傳爲五帝之一顓頊的孫子，陸終氏的兒子。彭祖從夏末活到商末，壽年八百歲。當時人的平均壽命不過三十來歲，彭祖爲何活了這麼久呢？有許多傳說。

一般的稗官野史皆認爲，彭祖原來世壽只有二十歲。在二十歲那年，當他在田邊耕種時，看到八位穿白衣服的人。彭祖就把牛拉住，讓他們通過。這八人即是鼎鼎大名的八仙。其中一人問彭祖何故讓路。彭祖說怕犛牛時濺污了他們的白衣服。八仙聽了很感動。知道彭祖只有二十歲的壽命，於是協議，每人各贈彭祖一百歲，再加上原來的二十歲，所以彭祖總共活了八百二十歲。另據《楚辭．天問》王逸注記載，彭祖是個烹飪高手，因奉獻天帝拿手的美食「野雞湯」，博得天帝的歡心，馬上賜給彭祖八百年壽命。

由於彭祖活得太久了，早已引起了陰間閻羅王的注意。相傳閻王爲緝拿彭祖，乃命文、武差化粧成凡人，在河邊洗木炭，許多人好奇問之，皆

置之不理。直到彭祖路過，好奇問說：「我活了八百二十歲，沒見過有人可以把木炭洗白？」文武差確定找到了彭祖，即緝回陰府交差。

六月十二日這天是「彭祖忌日」，據說這天必會有暴風雨，以慟人瑞彭祖的仙逝。在台灣，並無主祀彭祖的廟宇，一般都在家堂內掛有彭祖的壽星象。民間敬奉彭祖，是冀求長壽。然而長壽如彭祖也不免一死。而且在他活著的八百多年中，死了四十九個老婆及五十個兒子，喪妻喪子之痛倍於常人，恐怕這也是長壽必須付出的代價！

【民間俗神】媽祖

被外國人稱爲「中國女海神」的媽祖，在民間信仰中是最受人們敬奉的主神之一。僅台灣一地的媽祖廟、天后宮即多達五、六百座，其中以北港朝天宮的香大最盛，每年前往進香的人數達百萬人次以上。

媽祖又稱天上聖母，歷史上實有其人。她原名林默，福建莆田湄州嶼人，父親林願曾做過兵馬使（也有說做都巡檢）。林默在家是老么。爲什麼取名爲默呢？據說，她出生後一個多月，從來沒有啼哭過，因此父親給她取名「林默」。林默的誕生也充滿著傳奇：「誕之日，異香聞里許，經旬不散」《三教搜神大全》。剛滿周歲，看到神佛像，即「手作欲拜狀」。五歲即能誦《觀音經》，可見其天生即與神佛有不解之緣。長大之後，即「通悟秘法，預知休咎；鄉民以病告，輒癒」。而她最大的本事，是對於「海事」天生的「靈感」。有一回，父親與四個哥哥出海辦事，大哥中途不幸遭暴風來襲，危急存亡之際，看到一女子牽五條桅索而行，渡波濤若平地。後來得知，爲林默夢中「出元神救弟兄也。」此事傳開後；林默聲名大噪。林默長大後誓不嫁人，經常乘船渡海，雲遊島嶼間，曾多次救

護遇難漁民和商人，被稱爲神女、龍女。後來林默在一次救難中，因風浪太大，而被颱風捲走，當時她才二十七歲。林默的死，當地人認爲她已成神，於是莆田百姓爲她修建祠堂奉祀，死後林默雖不在世間，然而神女救難的靈驗卻越來越多，據傳鄭和七下西洋，還曾多次蒙媽祖顯靈護佑呢！

台灣爲數眾多的媽祖廟都自福建「分香」或「分身」而至，自湄州來者稱「湄州媽」，由同安來者稱「銀同媽」，來自泉州者稱「溫州媽」。

▲北港媽祖(北縣淡水關渡宮)。

民間信仰中有所謂「三月瘋媽祖」，是說從每年三月起，便進入媽祖的進香期，各地媽祖廟都會舉行盛大祭典。

【民間俗神】千里眼順風耳

在媽祖廟前殿二側經常可以見到兩位造型奇異的神像，兩位皆四肢裸露，一位右手持叉，左手舉及額前做遠視狀，一位右手持一方天畫戟，側耳作聽音狀，此二神即千里眼、順風耳，爲道教的護衛神，及天上聖母媽祖的侍神。

顧名思義，千里眼是眼睛能視千里之物，順風耳即耳能聽千里之聲。此二神在民間知名度頗高，究其來歷，正史上並無記載。但在《武王伐紂討平話》及《南遊記》二書中，以爲二神即古人師曠與離婁。

師曠是春秋時著名的音樂家，雖雙目失明，卻有異於常人的辨音能力，並能預知吉凶休咎；至於離婁，則是古代傳說中的人物，據說他能在百步之外看見「秋毫之末」（鳥剛生長細毛的毛尖）。

又據《封神演義》記載，千里眼和順風耳原是兄弟。兄叫高明、弟叫高覺，爲殷紂王屬下的將軍。殷紂王與周武王作戰時，兩兄弟助紂爲虐，運用他們超凡的眼力與聽力，洞悉敵情，使周武王之兵大敗。時周武王之相姜子牙以魔鏡照悉，得知是千里眼、順風耳二兄弟作祟，因此決定出征之時，大鳴金鼓，以混亂順風耳，又以大旗旛，遮千里眼之目，並以狗血驅邪氣。兩兄弟最後被姜子牙以法術制伏，負傷而亡，魂登桃花山，變成索婚的魔鬼。

傳說，有一次。媽祖路過桃花山，這兩兄弟的靈魂又出現，向媽祖逼婚。媽祖就和兩兄弟相約決戰，言明如果她戰敗，就作他們的妻子，但如果他們戰敗，就得作她的僕人。雙方經過一番激烈的鬥法之後，兩兄弟雙雙敗陣，終於成爲媽祖的侍從，所以今天的媽祖神像旁，常可見到千里眼與順風耳。

▲千里眼、順風耳(媽祖的侍神)。

【民間俗神】臨水夫人

生產對古代婦人來說，實是一生中最大的考驗，由於助產的設備與醫術落後，俗稱婦女分娩就像「下地獄」、「過鬼門關」一般。早產、難產、產婦大出血，常危及產婦與胎兒的生命。台灣話說「生贏雞酒芳（香），生輸四片枋（四片棺材板）」，可見古代婦女生產是否順利，就像賭博輸贏難料。爲了去除難產的陰影，祈禱母子平安，所衍生的生育之神，必然普受婦女的敬祀，其中被視爲助產之神的「臨水夫人」，尤其受到婦女敬重。

臨水夫人又稱「順天聖母」、「順懿夫人」，其傳說有好幾種。清人謝金鑾《台灣縣志》載：臨水夫人本名陳進姑（又稱陳靖姑），是福州下渡陳昌的女兒，唐代宗大曆二年（七六七年）出生，稟賦特異，通曉靈幻之術，長大之後嫁給劉杞。懷孕幾個月後，福建一帶鬧大旱災，進姑帶著身孕參加祈雨，不幸動胎流產死亡，年僅二十四歲，臨終時遺言：「我死後必爲神，專門營救難產的婦人。」後來到了建寧年間，有個叫陳清叟的婦人，懷胎十七月還不生，陳進姑乃顯靈助她生產，結果竟產下好幾斗的

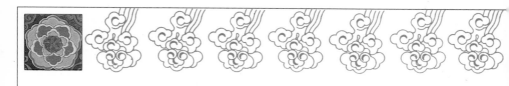

▲臨水夫人(台南臨水夫人媽廟)。

蛇，幸好母體平安，此後漸被視爲神，並在她的故鄉福建古田臨水鄉建廟供奉，並以「臨水夫人」尊稱之。另相傳後唐皇后難產，危在旦夕，陳夫人便以法術化身來到後宮，幫助皇后生下太子。宮女上奏，龍心大悅，敕封陳靖姑爲「都天鎭國顯應崇福順意大奶夫人」。

台灣的臨水夫人廟約有十來座，除主祀臨水夫人外，另常祀花公、花婆及三十六婆姐，爲台灣婦女、兒童第一守護神。

【民間俗神】月下老人

台灣有一句諺語說：「姻緣天註定，不是媒人腳賢行」，意思是說男女婚姻是上天註定的，不是媒人可以勉強撮合。但如果說天上也有個媒人的話，就非「月下老人」莫屬了。

被視爲婚姻之神的「月下老人」，又稱「月老公」，簡稱「月老」。這位「媒神」由來已久，故事十分有趣。

據唐·李復言《續幽怪錄》所載：唐代有個叫韋固的人，有一天到城裡訪友，夜遇一老人躺在布袋上，對著月亮看書。韋固好奇，問老人所看何書？老人答是「姻緣之書」。韋固又問袋中何物？老人說是牽繫婚姻的紅線，任何一對男女，無論住得遠近，貧窮或富貴，是親家或仇家，只要一腳被線繫住，都必得結爲夫妻。（此即俗語「千里姻緣一線牽」的出處）。韋固趕緊問自己的另一半是誰？老人翻了一下書，說是店北頭賣菜的瞎眼老太太的小女兒，才剛剛三歲。韋固一聽大怒，暗中派人刺殺小女孩。殺手不忍，只刺傷了她的眉心。十四年後，相州刺史王泰看上了韋固，就把女兒嫁給他。但韋固發現姑娘清秀的面龐上卻有一道傷痕，經他追問

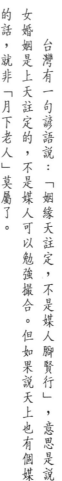

，才知道竟是當年被刺的小女孩。王刺史撫養她，當成了親閨女。韋固才知天命不可違。月下老人的聲名也從此不脛而走。

就像西方的愛神邱比特，月下老人成爲戀愛中男女的「幸福之神」，而月老以牽紅線來配對姻緣，也似乎比邱比特用利箭連結配偶，其方式要溫和許多，古代的婚禮上也因此有拴紅線的儀式，只是到了宋代後，逐漸演變成「牽紅巾」。

▲月下老人（南投日月潭光華島上的文武廟）。

台灣日月潭光華島上有「月下老人祠」一座，來訪遊客如織，且多半會與月下老人像合照留念。

【民間俗神】

註生娘娘

「不孝有三，無後爲大」，中國人重視子嗣，因而掌管生男育女之事的「註生娘娘」，也特別受到民眾的敬祀。

「註生娘娘」民間俗稱「註生媽」，在台灣信奉極廣，但常被誤爲和臨水夫人陳靖姑是同一人。這也許與兩者皆主管婦女生育之事有關。其實，臨水夫人是以保佑婦人順利生產爲主，註生娘娘則掌管生男育女之事。

傳說註生娘娘爲武財神趙光明的妹妹。據《封神傳》記載，「註生娘娘」的門徒雲霄，曾以產盆練成法寶，號稱「混元金斗」，和碧霄、瓊霄聯手幫助紂王抗拒周武王，陣亡後受封爲「註生娘娘」，奉玉皇大帝金牒，專司人間生育之職。雲霄、瓊霄、碧霄三神合稱「三姑」，民間則以註生娘娘統稱之。

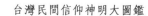

民間廟宇奉祀的註生娘娘神像前，常附祀「十二婆姐」或十二延女（又稱十二褓姆），各抱一嬰兒，六好六壞以示生男育女有賢與不肖，均憑積善積德之厚薄而定。

註生娘娘的神像經常左手拿著婦女的生育簿，右手持筆，據傳，婦女

▲註生娘娘(台北市萬華龍山寺後殿)。

該生幾個兒子、幾個女兒，生育簿上均有記載。這些記載是命定的，原則上不能更改，但若祭祀甚勤，註生娘娘也會大發慈悲予以刪改，無怪乎，膝下無子或求子心切的婦人家會如此敬奉。

在台灣許多廟宇都附祀有「註生娘娘」，但以「註生娘娘」爲主神的祠廟全省僅有六座。其中，台北市就佔了三座。

【民間俗神】麻姑娘娘

中國長壽之神，如彭祖、南極仙翁等都是男性的，但也有一位女性的長壽之神，即是麻姑娘娘。女壽仙麻姑曾自云：「已見東海三爲桑田」。意思是說她已看到東海三次變爲桑田，還說現在的蓬萊之水也淺於舊時的一半，恐怕將來還會變成陸地。「滄海桑田」這一典故即由此而來。

曾經看過三次滄桑變化，可見麻姑娘娘的壽命有多長。難得的是，長壽如麻姑，看起來卻只有十八、九歲，可見其駐顏有術、道行高深。麻姑娘娘的由來，傳說不一。

《太平清話》說麻姑本名黎瓊仙，是「唐放出宮人也」。《列仙全傳》認爲她是宋代政和年間人，修道於牟州東南姑余山，被冊封爲眞人。另有一種說法，說她是北朝十六國趙時麻秋之女。

流傳最廣的說法，爲東晉葛洪在《神仙傳》所說，麻姑是東海仙人王遠的妹妹。麻姑長得非常漂亮，頂上束髻，長髮及腰，但奇特的是，她的「手爪似鳥」。據說王遠有個弟弟蔡經，雖學道十餘年，但凡心未死，一日見麻姑的尖手，突然異想天開：我脊背大癢時，能叫麻姑抓癢，豈不妙極！不料，王遠和麻姑馬上知道蔡遠的念頭，旋即被挨了一頓鞭責。《聞奇錄》稱麻姑「生時有道術，能屐行水上」，就是能穿著木屐在水上行走；此等神功，似可比擬達摩一葦渡江。又說十八歲那年，麻姑能擲米成丹砂。

傳說西王母娘娘壽誕時，麻姑在絳珠河畔以靈芝釀酒，為王母祝壽，此即「麻姑獻壽」，為民俗年畫重要的題材之一。

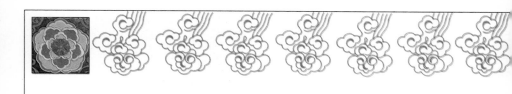

【民間俗神】七娘媽

民間信仰中的七娘媽，也就是相傳中的七星娘娘，被認爲是兒童的保護神，七娘媽在民間特別受到婦女們的崇敬與歡迎。孩子出生周歲時，若向七娘媽許願，求得「絭牌」掛在胸前，便可保佑順利長大成人。有許多媽媽還讓孩子認七娘媽爲乾媽，以保佑孩子平安無事。

七娘媽又叫七娘夫人、七星媽、七星夫人，其來歷傳說是天上的織女星衍化而來的。《史記．天官書》：「婺女，其北織女，天女孫也。」《晉書．天文志》：「織女三星在三紀東端，天女也。」織女被說成是天帝之女或外孫女，原是一位專司桑木與織絲的女神。

織女星被神格化後，與牛郎（牽牛星）相會的因緣，成爲中國家喻戶曉的愛情故事。位於天琴座的織女星只有三顆，爲何會三分爲七，成爲七星娘娘，這可能與流傳民間的七仙女故事有關。

過去台灣民間流行一種「戌年禮」，爲了感謝七娘媽保護孩子長大成人，十六歲時，由父母帶著子女準備豐盛的供品到七娘媽廟「酬神」。祭拜過七娘媽後，少男少女按例要環繞「七星亭」走三圈，並在父母手持的

▲七娘媽(台南市中山路開隆宮)。

「七星亭」下鑽過，少男謂「出鳥母宮」，少女表示「出婆媽」。再將「七星亭」投入火中，表示奉獻給七娘媽。此外，還得自七娘媽的供桌下匍匐鑽行三圈，謂之「供桌」，再爬起來時，表示已成年，將出人頭地之意。

做十六歲的習俗，目前在台地已難得一見，今僅台南市開隆宮每年於七夕當天仍有舉行。

【民間俗神】財神

如果要在眾神明中票選最受歡迎的神祇，「財神」恐怕要高票當選了，畢竟現實人間，人們對於錢財的需求總是永無止盡的。姑且不論財神是否眞能賜財，祂的存在，多少可滿足人們對於錢財的幻想。

民間信仰中的財神種類繁多，有文武財神、五路財神、增福財神等，土地公則是大家最熟悉的財神。

文財神即殷朝的比干及春秋時期越國的范蠡。傳說比干被紂王挖心，但吃了姜子牙的靈丹，沒有死去。因爲沒有心，所以爲人公正不偏，可以促進商人公平交易，所以被奉爲財神。范蠡致富有術，理財有方，曾三次發大財，但並不貪財，常用來濟助貧困，所以成爲財神。

武財神指的是玄壇元帥趙公明及關公，此二神已有專文介紹，不再贅述。至於流傳民間的「五路財神」，即趙公明、招寶、納珍、招財、利市等五神。此說出自《封神榜》，因姜子牙封趙公明爲正一玄壇眞君，率領四位正神，迎祥納福，手下四神爲「招寶天尊蕭升」、「納珍天尊震寶」、「招財使者陳九公」、「利市仙官姚少司」。其中值得一提的是「利市

▲財神（北縣淡水關渡宮）。

仙官」，利市是大財神趙公明的徒弟，所謂「利市」，即走運，吉利之意，在商場上稱「討個利市」，即指買賣所得的利潤，《周易．說卦》：「巽爲近利，市三倍。」「利市三倍」即是獲利三倍，做生意誰不想大發利市，所以利市仙官特別受到商人的崇奉。至於增福財神，傳爲文武兩財神，另配有招財、利市兩仙官。台灣人除在新年期間祭財神，元宵節更有迎玄壇爺（武財神趙公明）的活動。在新竹及嘉義等地，更有專祀財神爺的廟宇。

【民間俗神】灶神

火是人類生活不可或缺的能源，因而與炊食之火有關的灶神，在民間也特別受到重視。灶神又稱司命灶君、護宅天尊、灶王爺、灶君爺等。

灶的出現離不開火，所以灶神是屬於自然之物被人格化的神祇。祭祀灶神由來甚早，在古代被列爲五祀之一。《通典．殷制》載：「天子祭五祀，戶一、竈（灶）二、中霤三、門四、行五也……。」中國最初被人格化的灶神是位女神，《莊子》說她「著赤衣，狀如美女。」後來道書把灶神說成是崑崙山的「種火老母元君」。

漢代以後，出現了男灶神，如黃帝、炎帝、祝融都被視爲灶神。有關灶王爺的傳說很多，其中流傳最廣的是張單。張單字子郭，有六個女兒。據說他成了灶神後，專門探訪人間住所，記下每家人的善惡，然後向玉皇大帝報告。

灶神所以受人敬重，除了因掌管人們飲食，賜予生活上的便利之外，其監察人間功過善惡的神職，也使得人們因畏之而敬之。如《敬灶全書》說「受一家香火，保一家康泰；察一家善惡，奏一家功過」。據說被舉告

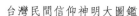

者，大過則減壽三百天，小過也要折壽一百日。

傳說每年農曆十二月二十五日，灶神要返天述職，向玉皇大帝報告人間的功過善惡，因此在這之前一天（十二月二十四日）即成爲台灣年俗中的「送灶日」，家家都需準備甜食祭祀灶神，以期「好話傳上天，壞話丟一邊」。

台灣主祀灶君爺的廟並不多見，宜蘭五結有一座灶君堂，新竹北埔五指山上也有一座灶君廟，每年農曆八月三日灶君爺聖誕，都會舉行隆重的祭典。

▲灶神(即九天司命真君，新竹竹東五指山灶君廟)。

【民間俗神】爐公先師

爐公先師顧名思義，爲職司火爐之神。古代沒有現代化的煉鋼、煉鐵設備，火爐是最普遍的升火器具，爲民生日用所需，因此也像火神、灶神一樣，轉化爲神祇，成爲「爐公先師」供人膜拜。

爐公先師是打鐵業的行業神，舊時的打鐵業者，常在火爐上方或一側設置香案，供奉爐公先師，以求庇佑工作平安順利。

傳說的爐公先師爲三皇時代人，本名胡靖，自幼聰慧過人，長大之後曾接受女媧娘娘之命令，負責研究護火煉鐵之法，最後終於發明了火爐，並試著用火爐煉鐵，爲人類傳下煉鐵鑄造的技術，因此而被世世代代的打鐵業奉爲守護神。

也有人認爲爐公先師與銀樓業的守護神七寶尊王是同一人，這可能以爲煉鐵與冶金同樣需要爐火。

客家人對爐公先師的敬奉最爲隆重。每年農曆四月十三日爲爐公先師的例祭日。

台灣目前有少數廟宇配祀有爐公先師。例如台中縣東勢鎮的巧聖先師廟及台中縣豐原市的九龍宮，都塑有爐公先師神像，供人祭拜。

▲爐公先師(台中豐原市北龍宮)。

【民間俗神】門神(一)

門神的存在由來已久，證明門戶安全自古即受到百姓的重視。門神的功能雖然與現代高科技的保全系統不能相比，但其所能發揮的心理安定作用，卻非保全系統所能企及，畢竟人們相信門神所能驅除的惡鬼邪魔，也非保全系統所能監視到的。

中國的門神種類不少，有武將門神、文官門神和祈福門神等，論人數則不勝枚舉，且各地所供奉的門神也不盡相同。在台灣，除神荼、鬱壘二位門神爲民眾熟悉外，論流傳最廣，影響最大的門神，當屬秦叔寶、尉遲恭了。

秦叔寶（又名秦瓊）和尉遲恭（又名尉遲敬德）是武將門神之一。秦、尉爲唐代著名武將，曾幫助唐太宗李世民打天下。他們二位是如何成爲門神的呢？

據《歷代神仙通鑒》、《三教源流搜神大全》所載，唐太宗李世民初登皇位後，經常感覺身體不舒服，晚上常夢見惡鬼侵擾，這也許是因爲太宗早年創立江山，殺人無數所致。書上形容，太宗入夜後，「寢門外拋磚

弄瓦，鬼魅呼叫，三十六宮，七十二院，夜無寧靜。」太宗被鬧得寢食難安。

大將秦叔寶與尉遲恭知道這件事，於是自動請求晚上穿著軍服站在宮門兩旁守衛，當天晚上果然沒有發生事情，太宗非常高興，但念及讓他們每晚站到天亮也太辛苦了，就命令畫匠把他們二人「介胄執戟、怒目發威」之像畫下來，懸掛在宮門兩旁，從此，他即不再受到惡鬼的侵擾。此事傳開之後，秦叔寶、尉遲恭就成了後世人們家裡供奉的門神。

▲門神

【民間俗神】門神(二)

神茶、鬱壘是民間傳說中的門神之一。門神在民間十分受到歡迎，以前幾乎家家户户的大門之上都貼有門神，人們相信有門神「站崗守衛」，可以防鬼怪入侵，多少能給予居家心理上的安定感。

門神最早源起於古代的庶物崇拜。古代祀典中有「五祀」之說，即祭祀門、户、井、竈、中霤（土地）等五神。門神後來逐漸形象化，出現了掛「桃人」──兩位捉鬼門神。

「桃」古人稱爲「神樹」、「仙木」，認爲可以除災制鬼。《典術》云：「桃者．五木之精也，故壓伏邪氣者也。桃之精生在鬼門，制百鬼，故今作桃人梗著門以壓邪，此仙木也。」這裡所指的「桃人」即神茶，鬱壘的化身。

傳說神茶、鬱壘是黃帝時代負責統領群鬼的神將，他們兩個是兄弟，家在東海的桃都山上，山上有一棵巨大的桃樹，覆地三千里，樹頂上住著一隻金雞。每當東方發白，曙光初現時，金雞就叫了起來，這時在桃樹東北的一座「鬼門」，站立著神茶、鬱壘，一副威風凜凜的神態，目不轉睛

▲門神

地監視著剛從人間遊盪回來的大鬼小鬼。

因民間傳說，鬼只能在晚上活動，天亮之前，不等雞叫就得回「鬼國」。二位神將要是發現有賴皮不歸而禍害人間的惡鬼，二話不說，馬上用葦索捆綁起來，扔到山後餵老虎。

神荼、鬱壘制鬼的本領高強，但畢竟住在山上，而鬼又防不勝防，因此百姓乾脆將二神請回家，貼在自家門前，使惡鬼懼而遠之。因而張貼門神的風俗至不輟。

【民間俗神】廁神

在過去廣受婦女祭拜的廁神，主要有紫姑、坑三娘娘、三霄娘娘，在台灣，相傳紫姑即「椅仔姑」。

紫姑，相傳爲唐朝刺史李景的妾，姓何名媚。因李景的大老婆曹夫人悍妒非常，處處苛虐紫姑。在正月十五元宵節夜裡，曹夫人竟將何媚「陰殺於廁中」。何媚冤魂不散。李景如廁時，常聽到啼哭聲。此事讓武則天聽到，敕封爲「廁神」。另傳說灶神認爲紫姑死得可憐，乃奏報玉皇敕封爲「廁神」。

另有一種說法，紫姑即漢高祖劉邦的妃子戚夫人。因爲立太子之爭，漢高祖元配呂后以極惡毒的手段報復戚夫人。呂后將戚夫人斷手斷腿，去髮挖眼，薰聾雙耳，逼她喝啞藥，使她成爲「人彘（人豬）」，再扔到廁所。後人憐憫戚夫人的遭遇，乃祀之爲廁神。

廁神又稱廁姑、茅姑、亦有稱之爲「三姑」者，後人附會爲三個姑娘，故紫姑又有了「坑三姑娘」的稱呼。而在《封神演義》中，廁神指的是武財神趙公明的三個妹妹，即雲霄、瓊霄、碧霄三姐妹。因三姐妹執掌「

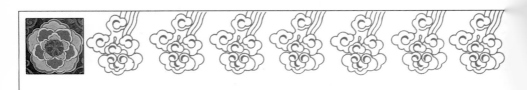

混元金斗」（如廁的淨桶），而被附會爲坑三姑娘。

古代迎請廁神紫姑的方法，是將衣服覆在掃帚上，拿到廁所邊念「子婿不在，曹夫人外出，紫姑請出」，待覺有「神」附身掃帚上，便可詢問問題，一般所問皆爲婚嫁生育之事。

在台灣過去於元宵節前一天，有「迎椅仔姑」或「迎紫姑」的活動。迎時需用竹椅四足朝天，由兩位女子握住椅角，另一人在旁邊燒金紙，抬椅子的人若覺椅子沉重，表示椅仔姑已降，便可詢問問題，奇妙的是，椅子會以自然搖動次數代表答案。

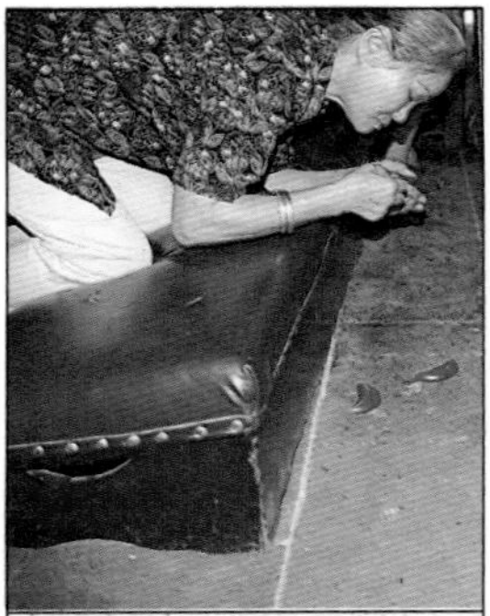

【民間俗神】床母

民間信仰中，床母爲孩子的保護神，任何一個孩子，從出生到十六歲，都要受到床母的保護，剛滿十六歲小孩的人家，爲了感謝床母長久以來的庇護，需敬備酒、飯、菜，於七夕當天，下午六點起，供在孩子的床頭，並令孩子燒香磕頭，焚化「四方金」金張十二張，祭拜完後，要把供酒灑在紙灰上，並立即撤供，如此床母才不會對十六歲以上的孩子糾纏不休。現今由於時代變遷，拜床母的習俗幾已絕跡。

床母指的是何人呢？據日人鈴木清一郎於《台灣舊慣習俗信仰》一書中記載：古代有一位名爲郭華的書生，在去參加秀才考試的途中，一日夜宿蘇州的旅館。當天晚上，他外出買扇子，卻和賣扇子的姑娘一見鍾情，而且當夜兩人就發生了關係。

不料他卻因「脱陽」之病而暴斃。姑娘憐憫郭華的慘死，又怕親戚鄰居知道，於是把他的屍體埋在自己的床下。不久之後，她就懷了孕，生下一個男孩。爲了告慰郭華的亡靈，她就經常備辦祭品在床上焚香祭拜。人們問她祭拜何神？她回答拜床母可以讓孩子快快長大，從此留下拜床母的風俗。

事實上，這只是一則傳說。床母是床之神，祭祀床神是根源於古人自然崇拜中的庶物崇拜。人的一生中，有三分之一的時間是在床上度過的，與人關係如此「親密」的「床神」，受人祭拜也十分必然。中國的床神，事實上是一對的，床公配床母，如同灶王爺與灶王奶奶。

床公床母一般沒有塑像和畫像，祭祀時在床頭擺上一隻插著焚香的粗碗，就是「床母」的神位了。

▲石母，亦護佑幼兒之神明(苗栗銅鑼鄉石母祠)。

【民間俗神】八家將

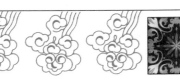

在民間迎神賽會的行列中，經常可以看到一群男子臉上塗有五顏六色，身著鮮艷奇特的衣服，手足舞蹈，一路前進，動作十分誇張，這就是在主神出巡時，做爲開路先鋒的「八家將」。

台灣的通俗信仰中，八家將是最常見的主神部將，主要任務是驅魔逐煞，緝拿罪犯。「八家將」的成員不只八個，大約由十個以上組成一隊，所以也有人稱爲「什家將」。

八（什）家將的主要成員，包括使役、文差、武差、范、柳、甘、謝及春、夏、秋、冬四神，各有不同的任務和職司，在主神出巡的行列中走在最前面，十分顯眼亮麗，也是最引人側目的。

七〇年代以前，八家將的形象是陰沈而威武的，但七〇年代以後，隨著民俗廟會日漸頻繁，八家將受到其他活潑性陣頭的影響，已蛻變爲喧鬧而壯麗的陣頭表演。雖然臉上仍畫著陰府的形象，其驅除邪魔的功能似乎已隱而不彰，表演娛樂、增添熱鬧的成份倒是增加不少。

從藝術文化的角度看八家將的步伐有力，動作大而有變化，也是極富

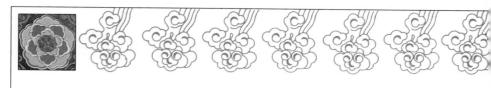

美感的民族舞蹈之一。

八家將是屬於配祀神，故無主祀的廟宇。

八家將成爲民俗活動的熱門陣頭後，仍有許多廟宇配祀有八家將。台南市西來庵中便配祀有八家將。每年農曆八月八日是該廟例祭八家將的日期。

▲台北艋舺青山宮靈安尊王的「八將」，平時是得力部將，出巡時走在陣頭。八將的臉譜各個不同，聲勢威武。一般所謂之「八家將」陣頭尚有黑令旗揮舞，是為區分。（特別感謝：攝影林家和先生、圖文解說周得福先生提供資料）。

【民間俗神】伏魔公

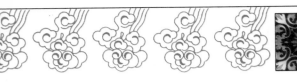

一般人熟悉的捉鬼之神鍾馗，也就是民間俗稱的「伏魔公」。鍾馗之名在正史中並無記載，但有關其驅逐厲鬼的傳說卻流傳民間，影響甚廣。

傳說中的鍾馗爲唐代人。開元年間，唐明皇從驪山校場歸來，忽然得了惡性瘧疾，群醫久治不癒。一天深夜，明皇夢見一小鬼偷了楊貴妃的紫香囊和明皇的玉笛。明皇怒斥之，小鬼拔腿要跑，突然出見身穿藍袍的大鬼一手捉住小鬼，並挖出兩眼吞進肚子裡。唐明皇問他是誰。大鬼奏道：「臣終南山進士鍾馗也，因應舉不捷，觸殿階而死，奉旨賜綠袍而葬，誓除天下虛耗妖孽。」

唐明皇醒後，瘧疾不藥而癒，於是召大畫家吳道子，按照夢中所見繪出鍾馗像。明唐看了鍾馗的畫像，說：「難道你和我共同夢見鍾馗，不然怎麼會這麼像？」

另有一傳說，鍾馗曾是終南山秀才，才華洋溢，卻奇醜無比。唐德宗時，他赴京應試，不假思索，一揮而就。主考官韓愈、陸贄閱後拍案叫絕，遂點爲頭名狀元。無奈德宗以貌取人，聽信奸相盧杞讒言，欲將鍾馗趕

出朝廷，鍾馗氣憤不平，當場自刎而死。德宗悔恨，遂將盧杞流放，並封鍾馗爲「驅魔大神」。

鍾馗在歷史上是否眞有其人？據明代學者顧炎武、楊愼等人的考證，「鍾馗」即古之「終葵」，爲古人舉行驅疫逐鬼的大儺儀式中所用的大木棒，依此而言，鍾馗應是因器物崇拜所衍變的擬人化神明。

在台灣，奉祀鍾馗的廟共有三座。舊時民間常在除夕及端午節懸掛鍾馗像，以驅除厲鬼。

▲伏魔公(即鍾馗，雲林崙背鄉開山廟)。

【民間俗神】齊天大聖

齊天大聖孫悟空在民間可謂家喻戶曉，十分有名氣。因爲明朝吳承恩所著的《西遊記》流傳民間，有關孫悟空幫助唐三藏取經的故事，載之於書籍，更見之於平劇、布袋戲、歌仔戲等各類戲劇，爲民眾津津樂道。吳承恩筆下的孫悟空，神通廣大，制伏妖魔鬼怪所展現的七十二變，以及協助三藏取經，途中曲折離奇的情節，也成了大多數人兒時美好的回憶。

「齊天大聖」本省民間稱爲「大聖爺」或「猴仔公」。傳說中的孫悟空，原爲東勝神州傲來國花果山的石猴，曾拜須菩提修道，習得一身法術後，自封爲花果山之王，命四鄰百獸前來朝拜，稍有不從，便鬧得天翻地覆。

後經太白星君招安上了天庭，玉皇大帝封他爲「弼馬爺」，負責掌管馬廄，照料馬匹。但恃才傲物的孫悟空，豈會滿足於這小小的官位，乃自封「齊天大聖」，從此悟空更是不安份，偷吃仙桃、仙丹，大鬧天宮，並覬覦玉皇大帝的寶座。

神通廣大的孫悟空，天兵天將都奈何不了他，最後請來如來佛，才把他制服壓在五行山下，直到唐僧三藏玄奘法師西行取經，才把他救出來，並收爲徒弟。此後一路歷經種種險難，但與豬八戒、沙悟淨兩位師兄弟協力互助，終能化險爲夷，圓滿達成取經的任務。悟空最後修得正果，被封爲「鬥戰勝佛」，鎮守南天門。

孫悟空雖是神話中的人物，但其制服邪魔的機智與法力，事奉主人的忠誠與付出，卻令人稱許讚嘆，因而一直深受民間的崇奉。在台灣主祀齊天大聖的廟宇約有十餘座，許多主祀觀音菩薩的祠廟，也常配祀大聖爺。

▲齊天大聖(宜蘭壯圍鄉紫雲寺)。

【民間俗神】二郎神楊戩

二郎神並不是民間信仰的主神，但卻廣爲民眾知悉，因爲祂那額頂長有三星眼的造型頗爲奇特。而在《西遊記》、《封神演義》等小說中，楊戩神通廣大、武藝高強，非凡的表現，也令人印象深刻。

二郎神指的是何人，有諸多傳說。有以爲二郎神是隋代的趙昱。如《常熟縣志》載：「隋，趙昱，棄官去，不知所終，會嘉州水漲，蜀人見昱霧中乘白馬，越流而過，因立廟灌江，呼曰『灌口二郎神』。」

而《朱子語錄》蜀中灌口二郎神，卻認爲是戰國時代的李冰。另外一種流傳最廣的說法，所指的二郎神即是《封神傳演義》和《西遊記》中的楊戩。

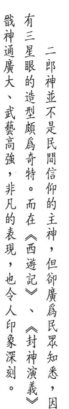

在《封神傳》中的楊戩會七十二種變化，肉身成聖，後來被封爲「清源妙道眞君」。在《西遊記》中的楊戩成了玉皇大帝的外甥，並曾助玉皇與齊天大聖孫悟空鬥法。

《西遊記》對二郎神的描述如下：「儀容清俊貌堂堂，兩耳垂肩目有光，頭戴三山飛鳳帽，身穿一領淡鵝黃；縷金靴襯盤龍襪，玉帶團花八寶粧，腰挎彈弓新月樣，手持三尖兩刃槍；斧劈桃山曾救母，彈打梭羅雙鳳凰，力誅八怪聲名遠，義結梅花七聖行；心高不認天家眷，性傲歸神住灌江，赤城昭惠英靈聖，顯化無邊二郎神。」

在台灣有三座主祀二郎神楊戩的廟，分別在台中縣市與彰化市。民眾相信楊戩的神通廣大，能洞察世事，因而在台灣的楊戩，常扮演問事解厄之神。

▲二郎神楊戩(台北木柵指南宮凌霄寶殿)。

【地方之神】王爺

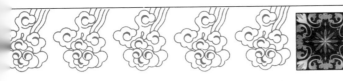

王爺信仰是台灣民間信仰中，無論廟祠之數量或信眾之人數，都堪與媽祖媲美的。有關王爺的起源相當複雜，信仰系統分岐，茲歸納成三大特點敘述如后。

一、根源於古代的瘟神崇拜。傳統社會環境衛生差，醫療設備不足，經常瘟疫橫行，爲了禳災避禍，而崇祀瘟王，因而儘管王爺的來歷傳說紛紜，但民眾崇祀的心理，大都爲了遠離瘟害；不少傳說中，王爺的生前也與瘟疫橫行有關，有捨身投入疫井而死者，或協助民眾救治瘟疫而死者。

二、所供奉的王爺並非出自同一神祇，而是多位的組合。王爺之名則冠以姓氏稱之，有單府王爺，有二府王廟，有三府王爺、五府王爺以至於十二瘟王廟，其中最普遍的是五府王爺廟。傳說共有三百六十姓氏王爺，但據統計，台地的王爺姓氏實際沒這麼多，但起碼也已超過百餘姓氏，這三百六十位王爺傳說爲秦始皇焚書坑儒時被活埋的三百六十位進士，死後被玉帝敕封爲王爺。另有傳說是明朝閩、粵進士三百六十名，因乘船赴京殿試，不幸悉遇海難身亡，爲安撫亡靈，皇帝乃敕封爲王爺，並令「遊縣吃縣，遊府吃府。」

三、燒王船、放王船的習俗使王爺信仰迅速普及。由於民眾相信王爺打著「代天巡狩」的旗幟，且有王船巡遊四方。臨海居民放王船出海，相信可以將瘟疫「驅除出境」，但當王船隨海飄移，抵達某地時，當地居民即需迎接，並建廟奉祀，否則便會有瘟害。民眾基於恐懼的心理，使得台灣的王爺廟越建越多，據統計已高達八、九百座之多。其中以台南縣北門鄉的南鯤鯓代天府最著名，分靈的廟宇也最多。

▲蘇府王爺(北縣淡水關渡宮)。

【地方之神】開漳聖王

開漳聖王是典型的地方守護神，因開發福建漳州一地功績卓著，而被奉爲神明。

開漳聖王的別稱頗多，有威惠聖王、聖王公、陳聖王、威烈侯、陳聖公、陳府將軍等。原爲河南光州人，名陳元光，又名陳光華。他自幼精通經史兵法，年十三時，即領鄉薦第一，唐末僖宗時，他考中武進士。當時福建一帶仍爲南蠻七閩未開化地區，陳元光奉命爲元帥（一說爲福建觀察使王潮或其弟武威將軍節度使王審知的部將），率軍平定了漳州七縣。並大力建設地方，對百姓施以教化，使漳州呈現空前繁榮的景象。

陳元光死後被敕封爲「威惠聖王」，漳州人士感念其生前施行仁政，安撫蠻族的功蹟，奉爲地方神，敬祀甚勤。

另有傳說陳元光爲衛戍福建的將軍陳政之子，唐儀鳳二年，陳政病死任守，陳元光奉命代父行職。因擊敗潮州之亂，平息「綏安之亂」，被封爲鷹揚將軍。

隨後，陳元光認爲閩南的開發相當重要，上書皇帝奏請在潮州與泉州之間設置漳州，得到朝廷批准，並首任刺史。陳元光在任內施行德政，重墾荒，修水利，興文教，使漳州一帶由蠻荒走入文明，民眾安居樂業。陳去世後，百姓感其恩德，遂立將軍廟塑像祭拜。

台灣的開漳聖王廟約有六十來座，大都是由漳州移民而來，其中以宜蘭的二十多座最多。據說陳元光是漳州地區的第一位陳姓人，所以漳州和台灣的陳姓人尤其崇拜陳元光。

▲開漳聖王（宜蘭五結鄉開漳聖王廟）。

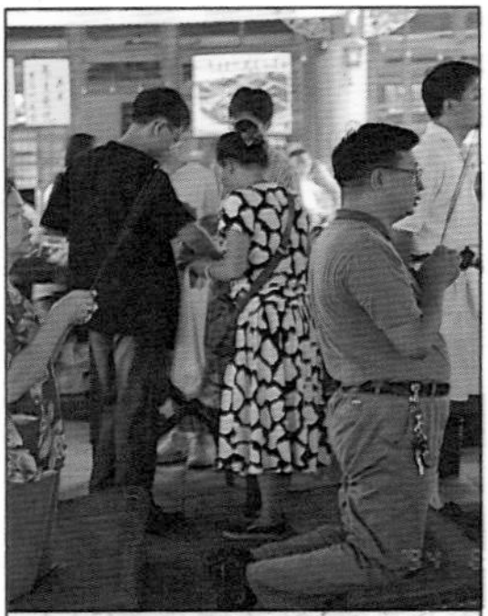

【地方之神】廣澤尊王

和開漳聖王一樣，廣澤尊王也是一位鄉土味濃厚的地方神祇，開漳聖王因爲開發漳州有功，普受漳州人士的崇敬，廣澤尊王也因出身泉州，靈驗顯著，特別受到泉州人士的敬祀。

台灣的廣澤尊王廟都是泉州人遷移來台分靈或分香奉祀的。根據統計，台灣奉祀以廣澤尊王爲主神的廟宇有二十幾座，大部分集中在南部地區，也就是泉州人聚居的地方較多。

廣澤尊王又稱郭聖王、聖王公、保安尊王等。據說，聖王叫郭忠福，又名郭洪福、郭乾，原是唐代名將郭子儀的後代。傳說郭洪福幼時家貧，替人牧羊維生。雇用他的主人是個守財奴。有一天請來一位地理師選好風水，竟以掉進糞坑的羊來請他，事後地理師很生氣，故意不將好風水告訴主人，反要郭洪福將父母的屍骨遷葬某塊吉地，並說屍骨葬妥後有毒蜂侵襲，便往某處逃走，會遇到有「人頭戴銅笠、牛騎人、魚上樹」的奇景。

果然途中遇到下雨，正好有一僧人以銅鏡當作斗笠遮雨，不久又有一牧童蹲在牛腹下躲雨。到了河邊，竟看到一位漁夫爬到樹上避雨，魚鉤上

▲廣澤尊王(台南市廣澤尊王廟西羅殿)。

的小魚在枝頭跳躍。應驗了地理師的話，郭洪福不久即得道成神。

另外有一個傳說，郭乾有一天不知何故坐在樹上聞風不動，幾個月後，身上仍有體溫，當地人民乃以神明奉之。後曾托夢醫治好雍正皇帝的痘瘡，所以閩台一帶也常把廣澤尊王作爲「痘神」來祈福。此外，尊王對人民的祈雨相當靈驗，也因而被尊稱爲「廣澤尊王」。

【地方之神】三山國王

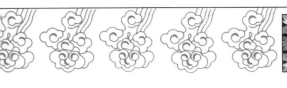

就像泉州人敬奉廣澤尊王，漳州人崇敬開漳聖王，三山國王是廣受客家人敬祀的神祇。台灣幾乎每一個客家人開拓的村莊，都建有專祀三山國王的廟宇，但晚近因閩客社會的交融，三山國王也逐漸受到客家人以外人士的信仰。

三山國王是屬於自然崇拜所衍生的神祇。「三山」指的是廣東省潮州府揭陽縣（一說饒平縣）獨山、明山、巾山（或謂福山、中山）的三山神。早在一千三百多年前，三神便降落中山，自稱兄弟，是奉上帝之命來鎮守獨山、明山和巾山的。

有關獨山、明山及巾山三山神的傳說非常多。有謂三山國王原爲結拜兄弟，大哥連傑、二哥趙軒、三弟喬俊，三人皆允文允武，南北朝時曾幫助楊堅完成帝業，被封爲開國駕前三將軍後，隱居三山中修成正果。

宋太宗時經常顯靈，大哥乃被封爲鎮守巾山的「清化威德報國王」，二哥被封爲鎮守明山的「助政明肅寧國王」，三弟則被封爲鎮守獨山的「惠威弘應豐國王」。另傳說宋朝末年，潮州陳有連叛亂，昺帝（宋朝最後

▲三山國王(新竹芎林鄉廣福宮)。

一位皇帝)親自討伐,不幸敗北,昺帝隻身逃難,但碰到前有大河,後有追兵,值此危急存亡關頭,突然看到對岸三山上有軍旗搖晃,一匹駿馬飛馳而來,救駕渡河,昺帝還都之後,認爲是三山神護衛,於是降旨設廟祭祀。

目前台灣地區供奉三山國王的廟宇有一百二十多座,其中以宜蘭的二十六座最多,屏東縣的二十一座次之。

【地方之神】靈安尊王

所謂台北三大民俗盛會，其一爲三月十四日大龍峒保生大帝出巡，其二爲五月十三日霞海迎城隍，其三乃十月二十二日的青山王瘟境。

青山王即是靈安尊王，因爲祂的本靈奉祀在福建泉州府惠安縣青山，故稱青山王。靈安尊王傳爲三國東吳孫權的部將張滾。孫權遷都健康後，張滾奉命鎮守泉州惠安，爲人廉潔仁厚，深得百姓愛戴，政績爲各縣之冠，孫權封他爲「照應侯」，惠安縣民崇拜他爲「生神」。死後，縣民爲祂建了一座「青山廟」，稱祂爲「武德神」。

傳說到了七百多年後的宋太宗年間，進士崔知節任惠安縣令，前往祭拜時，墓塼突然倒下，露出一五言偈「太平興國間，古縣本惠安；今逢崔知節，送我上青山。」崔知節於是邀集紳商，將張滾之墓遷至青山麓後，並建青山宮定時祭拜。

南宋高宗建炎年間，虞允文大敗金兵於采石磯，相傳即得張滾之助。高宗大悅之下，敕封張滾爲「靈安尊王」。此後，青山王即成爲泉州人的守護神。

據說清嘉慶年間，台灣艋舺一帶瘴癘爲害，使移民生命飽受威脅。另外，在草店尾（今貴陽街二段）有一空宅，相傳庭後古井有隻千年蟾蜍精，能吐毒霧害人，也引起附近居民的不安。於是乃由惠安人士至福建迎請青山王神像接來當地鎮壓，果然從此瘴癘漸息，蟾蜍也不見蹤影了。

台灣主祀靈安尊王的廟宇共有五座。其中以萬華青山宮最有名。每年農曆十月二十日至十月二十二日都會舉行盛大的祭典，有青山王出巡暗訪（視察人間善惡），許多子弟扮家將或人犯，扛著鹹光餅繞境，頗爲熱鬧而有趣。

▲靈安尊王(台北萬華青山宮)。

【地方之神】開台聖王

開台聖王鄭成功是典型的民族英雄被奉爲神祇者，也是台灣特有的神祇。其生前的功蹟，一是反清復明的愛國之舉，雖功虧一簣，但丹心垂千古。二是驅除外族（荷蘭人），收復台灣，開台建設有功。

鄭成功生於明天啓四年（西元一六二四年），原名森，字明儼、福大木，福建南安石井鄉人。明隆武帝（唐王）時賜國姓朱，名成功，所以後人稱鄭成功。

父親鄭芝龍及叔父鄭鴻逵於明崇禎年間曾任閩、浙、魯總兵。成功雖出生富貴之家，但勤奮好學。十五歲時、即進入南京大學讀書，補爲弟子員，成績優異，國學底子深厚，而且富有民族大義及愛國心。

明朝末葉，國家陷於內憂外患的雙重危難。明崇禎十七年（一六四四年），李自成破北京，崇禎帝自縊於煤山。吳三桂繼引清攝政王入主北京。此時鄭芝龍爲漢奸洪承疇的勸降書所動，且貪得清廷爵祿，因而邀成功一起投降，但成功不爲所動，更曉以忠孝大義。但其父不久即降清，成功乃潛逃，並以金門、廈門爲根據地，迅速建立一支強大的復明武力。

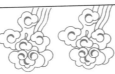

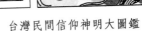

明永曆九年，成功開始北伐，收復河山，十三年曾率軍入長江，圍攻南京，可惜中了清軍的緩兵之計，大敗而返。十五年，成功遂退而取台灣以爲復明基地。成功收復台灣，在台南設承天府，又設萬年、天興二縣，積極擘劃復國的軍政措施，可惜積勞成疾，隔年五月八日即英年病逝，年僅三十九歲。台灣人爲追念鄭成功的恩德，於是建開台聖王廟奉祀。並封爲延平郡王、國姓爺、國聖爺、鄭國姓等。

▲開台聖王（即延平郡王，北市外雙溪鄭成功廟）。

目前台灣專祀延平郡王的廟宇已超過七十座，其中以清季官建的台南市延平郡王祠最具規模。

【地方之神】謝元帥

在台灣被稱爲「謝元帥」的神祇，較有名的是東晉時代的謝安。這裡的謝府元帥，指的卻是明末鄭成功麾下一位驍勇善戰的部將，曾協助鄭成功逐退荷蘭人，收復台灣，而留名青史。

謝府元帥又稱「白馬將軍」，諱永常，字平山，福建海户人。明末鄭成功幾度北伐失利，退據金門、廈門，正感灰心氣餒之際，因聽從一名在台灣替荷蘭人做事的漢人何斌的一番建言後，重燃鬥志，準備攻取台灣，做爲反清復明的基地。

明永曆十五年（西元一六六一年）四月，鄭成功率領戰士二萬五千人、戰船百艘，在台灣鹿耳門一帶登陸。當時荷蘭軍隊船堅砲利，絕非鄭家軍堪與比擬。但由於鄭成功指揮有方，且富於海戰經驗，加上士兵們氣勢旺盛，只經過兩個小時的激烈戰鬥，就擊退荷蘭人的部隊，順利進駐台灣。

在此一戰役中，謝府元帥亦率領二千餘兵士，與荷蘭人大戰，不幸全體殉難於安平港。戰爭勝利後，被荷蘭人佔領了三十八年的台灣得以收復

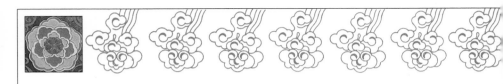

▲謝元帥（台南市慶隆宮）。

，謝府元帥暨所領士兵的英勇表現功不可沒。

爲了表彰他們生前忠貞愛國的表現，前台南市長葉廷珪及林錫山（於土木課長任内）乃擇地建廟奉祀，普受民間香火。該廟即位於台南市的慶隆宮。民國七十九年，更由善信人士聚資重建佛陀王輪舍利寶塔，領座安基。從此謝元帥、趙勝將軍、吉原將軍等二千餘名忠骨普受十方信士永久追念。

【地方之神】輔順將軍

輔順將軍又稱舍人公、馬舍公、馬使爺、馬公爺等，簡稱馬公。據說，和輔顯將軍、輔信將軍、輔義將軍、同爲開漳聖王陳元帥的四大部將。

輔順將軍的來歷民間說法相當複雜，有謂馬恩、馬援、馬仁、馬安、馬福等，也有說李伯苗爲馬舍公，但李伯苗又被認爲是聖王爺，兩神角色混淆，相當複雜。

在台灣有數十座主祀輔順將軍的廟宇，大都以馬援、馬恩或馬福爲主神，另有奉祀馬殷者。馬援是東漢光武帝立志馬革裹屍的主角，至於其他諸神，大都是某將軍的部將，因勇猛過人，立下汗馬功勞，而被奉爲神明。

另有人認爲馬公爺最早緣於自然的星宿信仰，王必昌修《台灣縣志》載：「馬公廟，在東安坊，按周官春祭馬神，天駟星也……」按照此一說法，在周朝以前即有馬公廟，祭祀的神祇即是天上的天駟星。

目前台灣祭祀輔順將軍的廟宇，都是以前漳州移民所蓋的，有的稱「將軍廟」、有的稱「馬公廟」，名稱不一。其中最早的是台南市的馬公廟

▲輔順將軍(台南市馬公廟)。

，所供奉的輔順將軍神像，是「開台聖王」鄭成功攻打台灣時隨軍帶來的。在台中市有一座將軍廟建於清嘉慶五年，歷史也相當悠久。

輔順將軍的例祭日不一，有以九月十四日爲例祭日，台南的馬公廟例祭日則在九月二十三日，另台南縣關廟的五甲壇供奉的馬使爺，卻以四月十四日爲例祭日。

【地方之神】助順將軍

助順將軍原爲福建泉州的鄉土神，傳於清乾隆中葉，由三邑一位黃姓移民奉靈來台，在萬華建小廟奉祀。相傳，日軍佔領台灣時，萬華一地有一次流行黑死病（鼠疫），死亡纍纍，民眾求禱於助順將軍，鼠疫竟因此滅絕，此後，助順將軍才漸受重視，信徒也越多。

助順將軍有說即是舍人尊公（即輔順將軍），也有說是「老石將軍」，即明末黃忠烈石齋公。前者在「輔順將軍」一文已介紹，至於老石將軍卻是有史實可考據的。

黃忠烈公名道周，字幼平（平又作玄），一字螭若。學者稱他爲石齋先生。他博學多聞，更擅詩文書畫，天啓二年中進士，崇禎二年，官拜右中允。石齋先生秉性剛正，不畏權貴倖臣，曾三次上疏救故相錢龍錫，使龍錫得以免死。後來眼見奸佞當朝，便稱病求去，臨走前上疏思宗皇帝。皇帝讀之，深感不快，被斥貶爲庶人。

逮李自成陷京都，思宗自縊煤山，福王又召他爲吏部左侍郎，復委以禮部尚書重責。金陵（即南京）城破之後，又隨侍唐王到衢州，且官拜武英殿大學士，救國心切的石齋親赴江西徵集義師，戰清軍於婺源，但寡不敵眾，兵敗被俘，被清兵囚在江寧別室之中。

在獄中，洪承疇曾派人要他去髮，他說：「你從薙髮國來，所以要薙髮，假如從穿心國而來，難道你也要穿心？」最後被處以死刑，石齋先生歿後，後人感念其殺身成仁的偉人情操，特為建廟崇祀。

農曆十月三日為助順將軍的萬壽平安祭典，可惜光復後，主祀的廟宇已淪為地方性的角頭信仰，祭典規模一年不如一年。

▲助順將軍(北縣淡水助順將軍廟)。

【地方之神】烏面將軍

烏面將軍是一位頗受爭議的神祇，其中主要涉及敏感的政治因素。

在台灣彰化縣秀水鄉陝西村有一座供奉烏面將軍的祠廟。本爲地方性神祇，一躍而爲全台知名的神明，烏面將軍一夕成名，係受惠於「陝西村」此一特別的村名。大約在民國六十年中期，有一原籍中國陝西的督學對陝西村的由來十分好奇，經追蹤調查結果，推定陝西村民都是中國陝西省的移民，因而名聞全省。

至於陝西村民所崇祀的烏面將軍，傳說爲鄭成功的部下馬信，原籍陝西。明朝末年，馬信感於國事日益艱危，乃於永曆九年，率台州全師及數百家丁投效鄭成功。鄭成功收復台灣之後，馬信率所屬官兵眷屬開拓疆土，致力地方建設。到了永曆十六年五月初八，鄭成功不幸逝世，馬信因悲傷過度，遂於五月十三日染病逝世。死後，軍民感念其德，乃建廟奉祀，稱爲「烏面將軍廟」。

晚近隨著解嚴、報禁的解除，學術研究與言論的更趨自由化，有關陝西村民全部來自陝西，以及烏面將軍的傳說，經學者專家考證之後，卻出

▲烏面將軍(彰化縣秀水鄉陝西村烏面將軍廟)。

現了截然不同的說法，認爲此大都爲牽強附會之說，具有政治性的意圖，不足採信。更有人指出，烏面將軍馬信是子烏虛有，本應爲「將軍爺」、「百姓公」及「石頭公」之流。

就像吳鳳神話因政治環境的變遷而起落，烏面將軍也因晚近政治生態的鉅變，頓失昔日的風光。會有今日的結果，也許證明了一點，即任何神祇，其存在只適合做爲信仰的對象，卻不能變成政治謀略的工具。

【地方之神】寧靖王

在高雄縣路竹鄉有一座「華山殿」（現已爲明寧靖王文物紀念館），祭祀的爲明朝皇室後裔寧靖王，雖然香火不盛，廟的存在卻深具歷史意義。

寧靖王係明太祖朱元璋九世孫遼王後代長陽郡王的次子，俗名朱術桂，字天球，號一元子。始授予「輔國將軍」，明崇禎十七年（西元一六四四年），受封爲「鎮國將軍」，不久後又受封爲「寧靖王」，駐守於閩、粵、浙之間。

隆武元年（西元一六四五年），明室僅餘鄭成功一脈據守金廈，寧靖王於鄭成功死後，隨從鄭經避走台灣。抵台時住在寧靖王府（今台南大天后宮）。後來寧靖王看到了高雄路竹、湖內一地土壤肥美，於是墾地數十甲，並建別館頤養英氣，再圖復興。親民愛民的寧靖王將多餘的歲入賜給佃户，深獲民心，但他的原配羅妃卻在這時亡故。

清康熙二十二年（西元一六八三年），施琅率軍入台，鄭經降於澎湖，寧靖王不願偷生，於是與五位妃子相偕自殺身亡。殉身前，寧靖王曾遺

書曰：「自壬午流寇陷荊州，攜家南下，甲申避難閩南，總爲幾莖頭髮，保全遺體，遠潛外國；今已四十餘年，六十六歲，時逢大難，全髮冠裳而死，不負高皇，不負父母，生事畢矣，無愧無怍！」以身殉國的英烈節操，流露字裡行間。

寧靖王殉身後，當地居民感念他的恩德，建了一座華山殿供奉祂的英靈，台灣光復後，華山殿擴建，更名爲「明寧靖王文物紀念館」。與寧靖王一起殉國的五位妃子，則被供奉在台南市「五妃廟」內。農曆九月二十五日爲寧靖王的例祭日。

▲寧靖王(高雄路竹鄉寧靖王文物紀念館)。

【地方之神】五妃娘娘

在台南市南區五妃街的「五妃廟」，被列爲台灣的一級古蹟，廟中奉祀的五妃娘娘，即明寧靖王生前的五個妃子，因追隨寧靖王自縊殉國，被視爲貞婦烈女，而成爲神祇。

五妃娘娘即袁氏、蔡氏、荷氏及秀姑、梅姐等，其中秀姑、梅姐爲女婢。當滿清水師提督施琅於康熙二十三年六月攻陷澎湖，鄭軍敗北時，寧靖王早有殉國的打算，於是召集五位妃子，說：「我無德，流亡海外，希望保有餘年，將來，好見先帝先王於地下，而今大勢已去，死且有日，你們還年輕，應該好好打算。」五位妃子聞言非常悲痛，都異口同聲回答：「王既然全節，我們豈能失身？王生同生，死且同死，請各給我們一條布帶，死了也要追隨王。」

七月十一日，當鄭克塽的投降使者自台灣府出發後，五妃同時在寧靖王府自縊而死，而寧靖王則在前一天自殺。

五妃自盡後，鄭軍主將劉國軒爲表彰她們的貞潔，特奏請清廷於乾隆四十年（西元一七七五年），建立五妃廟奉祀，其後在嘉慶二十五年，光

▲五妃娘娘（高雄路竹鄉寧靖王文物紀念館）。

緒四年、光緒二十九年及民國十六年數度整修。

「王盡丹心妃盡節，地留青塚史留芳。」這是五妃廟前的一對楹聯。本可以繼承寧靖王的遺產，也可以改嫁他人，但五位妃子卻選擇與君主共存亡，以身殉國的不歸路，忠貞愛國的節操名垂千史，令人景慕。規模甚小的五妃廟，每年天元月十六日，五妃娘娘誕辰日，當地居民都會敬備供品，到廟中祭祀。

【地方之神】鴨母王

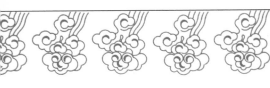

「鴨母王」朱一貴是反清復明的志士，台灣民間曾流行一首「朱一貴之亂歌」：

頭戴明朝帽，身穿清朝衣；
五月稱永和，六月還康熙。

人稱鴨母王的朱一貴因不滿清廷統治，於康熙六十年（西元一七二一年）起兵抗清，當時明鄭遺臣甚多，自稱「明朝朱皇帝後裔」的朱一貴，一呼百應，幾乎奪下整個台灣，後因內部分裂，而被藍廷珍所敗。傳説，當年五月，台南總管歐陽凱戰死，朱一貴就攻進城中自立爲王，改年號爲「永和」，因爲事起倉促之間，來不及作正式的皇袍，竟臨時找一件演戲用的黃袍穿上，因而被人譏笑他的滑稽裝扮。可惜六月就被清軍平定，只當了一個月的「短命皇帝」。

此事鍾壬壽在《六堆客家鄉土誌》記載：「穿戲場用之袍套衣冠，築壇受賀，祭天地列祖列宗及延平郡王……可是自朱一貴以至群賊幹部，衣冠怪誕，以紅綠綢布裹頭披體，多跣足，騎牛遊街，不慣跪拜，一如唱戲

▲鴨母王朱一貴(暫厝台南小城隍廟)。

，來看的兒童數百，鼓掌喧笑，大人們多側目而視，尷尬至極。」本身不識幾個大字的朱一貴，僚屬們也都是些烏合之眾，此難怪其起義會迅速被平定。

朱一貴原以養鴨爲生，且傳能喚鴨列隊接受校閱，所以人稱「鴨母王」。台地主祀鴨母王的廟宇最有名的爲台南市開山路的小城隍廟，這是由明鄭遺臣建立的，當時因懼於清廷的威勢，又爲與正統城隍爺有別，遂以「小城隍」稱之。

【地方之神】陳府將軍

南投縣草屯鎮南埔里有一座陳府將軍廟，供奉的主神頗受爭議。有人以爲陳府將軍是清代員林人陳墨章，有人卻認爲陳府將軍即唐僖宗的武進士陳元光，即漳州人的守護神開漳聖王。

據日人鈴木清一郎在《台灣舊慣冠葬婚喪祭與年中行事》一書中記載：陳府將軍本名陳墨章，原來是員林人士，因爲他面貌漆黑，地方人士乃叫他「烏面章」。

在距今約一百年前，台灣發生一次大飢荒，很多人苦於無米之炊，平素慷慨大方、熱心助人的陳墨章心生悲憫之情，爲了救濟難民，他打開自己的穀倉，盡其所有，布施災民。但個人的力量終究有限，因而同時到處向富家募捐。

因爲他太熱心了，假如富户之中有不肯解囊的，就派遣很多人向他一再勸募，導致有些富豪不勝其擾，認爲他是在勒索，而到官府控制他恐嚇詐財。這些土豪劣紳平時與貪官污吏勾結，所以陳墨章被捕到案後，便受種種嚴刑拷打。最後竟遭斬首處死。死後，地方人士沒有不感念他生前的

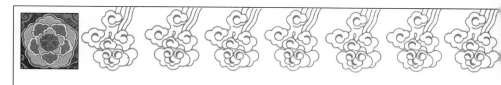

▲陳府將軍廟（南投草屯）。

德澤，便蓋了一座廟奉祀他，並尊爲陳府將軍。

陳府將軍廟後來曾因監察溪洪水泛濫而傾圮。傳說廟傾頹後，陳府將軍無處棲身，於是託夢給南投郡新庄的一名中醫師許萬乞，後經許萬乞與當地耆老李重三發起重建，才在南埔今址重建了一座陳府將軍廟。

因爲仗義疏財，不惜犧牲性命的陳府將軍，至今仍受到當地民眾的尊敬。奉祀的廟祠雖然規模不大，香火卻相當興盛。

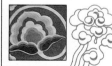

【地方之神】曹公

在高雄鳳山一帶有兩條非常著名的水圳，稱爲「曹公圳」，百年來爲當地提供了不可或缺的農田灌溉用水。「曹公圳」顧名思義，是爲了紀念曹瑾公興建水利之功而命名的。

據連雅堂的《台灣通史》記載：曹公本名曹瑾，字懷樸，河南河內人。他於道光十七年，奉朝廷之命接掌鳳山知縣。曹公上任之後，得知前一年秋天，因發生了一次大旱災，粒米未收，饑民遍地；明智的他，認爲非開發水利，不能根本解決問題。

當時，他到災區視察之後，決定從下淡水溪（即今之高屏溪）引水來灌溉欠收的災區。爲了籌措龐大的建設經費，曹公率先捐出自己的薪俸，並遍訪全縣紳商，資金湊足之後，在他親自督工之下，歷經兩年時間，終於完成總長度達一百八十二里的四十四條圳道（現稱爲「舊圳」）。

「舊圳」完工後，又經過一次的旱災考驗，仍有部份水田不能灌溉，於是又再聚資，著手興建第二條水圳，經三年之久，完成長一百二十七里的四十六條圳道（現稱爲「新圳」）。從此，鳳山地區的稻田再也不必受

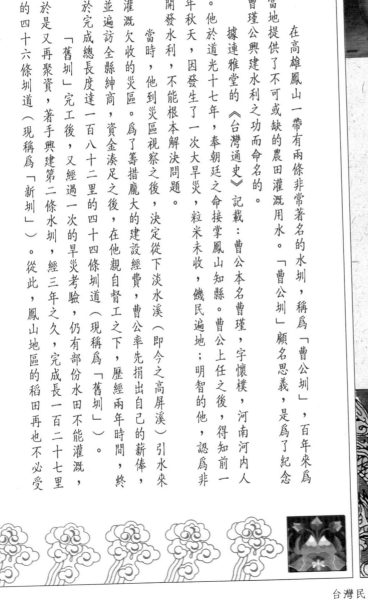

乾旱之苦。

曹瑾鑿通新舊兩圳後，於道光二十一年調陞淡水廳同知，道光二十五年後，因病辭官返鄉。鳳山一帶的父老爲感念他興築曹公圳之功，於清咸豐十年（西元一八六〇年），於鳳儀書院內興築「曹公祠」以爲永久紀念。

曹瑾公的例祭日爲每年國曆十一月一日（原爲陰曆九月二十六日），由高雄農田水利會主祭。

【地方之神】廖添丁

廖添丁在台灣是婦孺皆曉的英雄人物，也可說是台灣近代史上最傳奇的「民族英雄」，其劫富濟貧、抵抗日本人的傳奇故事流傳民間甚廣，也成爲民間小說、戲劇、電影、廣播的熱門題材。老一輩的台灣人也大都能細數廖添丁的種種傳奇故事，可見其對台灣人影響力之深。

出生於清光緒九年（一八八三—一九〇九年）的廖添丁，是台中縣清水鎮秀水里人。出生不久，父母便雙雙去逝。自幼依姑母撫養。七、八歲時靠放牛維生。十二、三歲時，隻身北上台北拜唐山武師爲師，學得一身好功夫後，因念及父親因抗日而戰死，自此投入抗日活動。

他常劫取日本官吏及親日漢奸的財物，以濟助窮人。其劫富濟貧的義舉，深受台胞景仰。不出幾年，已成爲聞名全省的義賊。但日本人對他深惡痛絕，欲除之爲快，並以重金懸賞緝捕他到案的人。

有一天，廖添丁至八里觀音山下老阡坑避風險，在睡眠中竟被人打死。據說打死他的人是他的朋友。死後，當地居民雖敬其忠義，但因日人當政，僅草草葬於荒埔。

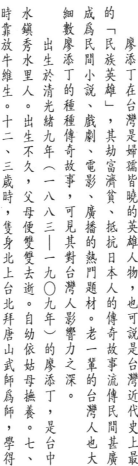

直到台灣光復後，八里人士才募資興建漢民祠。在漢民祠裡，主神爲關聖帝君，廖添丁僅爲配祀。但因台灣只有這一座奉祀廖添丁的廟，善男信女都以主神祀之，關聖帝君反被冷落一旁。

▲廖添丁(北縣八里漢民祠)。

【地方之神】三坪祖師

位於台南縣大內鄉環湖社區（原稱嗚頭村）的「飛安宮」，供奉的主神是三坪祖師，此乃隨漢人移民而來的漢民信仰。

環湖社區原爲平埔族的舊區地，三坪祖師的信仰能在此地生根，也證明了平埔族人和漢人之間能和平共處。確實，清朝末葉，漢人逐漸入墾後，平埔族人漸受漢化而成爲「熟番」。光緒年間以降，彼此融洽相處，已不分彼此了。

三坪祖師又稱三平太師，在台灣奉祀並不普及，是屬於區域性的地方神明。傳說，三坪祖師原爲大陸漳埔地區的高僧，法號三坪，故又稱三坪祖師。唐代文學家韓愈被貶至嶺南時，曾與法師密切交往。

民間崇祀三坪祖師，是認爲法師對預卜生死禍福最爲靈驗。在台地奉祀的三坪祖師神像，是昔日漳浦一帶人士移民來台，隨道分靈供奉的。

台南大內鄉的飛安宮，創建於清光緒九年（西元一八八三年），平時香火並不盛，但每隔三年，也就是逢兔、馬、雞、鼠年時，都會舉行祭典，當地善信迎三坪祖師出巡，場面也十分熱鬧。

▲三坪祖師(台南市正德街三坪祖師廟)。

【地方之神】普庵祖師

民間信仰中，被土木工匠業奉爲守護神的普庵祖師，原爲佛教的高僧。民間相傳祖師曾在空際題名，不用規矩能空中作畫，而受到土木工匠業者的敬奉。

普庵是南宋臨濟宗僧人，又作普菴，宜春（江西袁州宜春）人，俗姓余，名印肅。年二十歲時拜壽隆院賢公爲師，二十七歲出家，隔年五月受具足戒。智性巧慧，勤讀法華經，了悟諸法盡在一心，在文字上打轉無濟於事，於是到湖湘參學，參拜牧庵法忠，有所省悟，再返回壽隆院。

紹興十二年，在慈化寺修習禪定，因閱讀華嚴經而開悟。從此慕道求法者與日增多，師隨機說法，度眾無數。且不但精通佛法，更擅長醫術，也曾祈雨，生前祛災除病之靈驗頗多。

宋孝宗乾道五年過世後，敕諡「普庵寂感妙濟眞覺昭貺禪師」，天成宗重諡「大德慧慶」。元仁宗延佑初年（一三一四—一三二〇年），宗璁創建慧慶寺，於寺後營造普光明殿，供奉普庵禪師像，普受官民的敬祀，據傳對於保護航海的安全，免遇船難，特別靈驗。

▲普庵菩薩(台北北投貴子坑秀山路正覺禪寺)。

普庵祖師是少數佛教高僧被奉爲民間信仰神祇者。《魯班經》記載：「起造立木上樑式，凡造作立木上樑，候吉日良時，可立一香案於中亭，設立普庵祖師香火，備立五色錢、香火、燈燭、三牲、果酒供養之儀。」民眾信奉祖師，想必不是因祖師的佛學精湛，修行高超，而是因爲傳說中神乎其技的建築工夫。

台灣主祀普庵祖師的廟宇並不多，歷史最悠久的，首推彰化鹿港的南泉宮，另在台南縣市、宜蘭、彰化等地，也都有普庵祖師廟。

【地方之神】

荷葉先師

與建築業有關的守護神，除巧聖先師魯班及普庵祖師外，另一位是鮮爲人知的荷葉先師。

荷葉先師又稱荷葉祖師，客家人稱荷葉先師，而荷葉祖師則是閩南人的稱呼，過去是泥水業者必祀的守護神。

有關荷葉先師的資料非常的少，僅有日人鈴木清一郎謂荷葉先師爲巧聖先師魯班的「及門弟子」，其姓氏、出身等資料皆付諸闕如。

荷葉先師被泥水匠奉爲祖師爺，傳因得到魯班先師的眞傳，雕刻鑴鏤樣樣都行，更由於他發明了泥水匠砌牆扶壁的工具，大大提昇泥水匠作業的便利，因而受到泥水匠的崇奉。

農曆九月二十日是荷葉先師的誕辰日，日軍佔領台灣之前，泥水匠及相關從業人員除舉行祭祀典禮外，業主還得大宴工人，但晚近此習俗已不易見到。

台灣主祠荷葉先師或荷葉祖師的廟宇，高雄市與台東市各有一座，另台中東勢的巧聖先師廟、豐原市的北龍宮、基隆奠清宮……等，都配祀有荷葉先師。

▲荷葉先師(台中縣豐原市北龍宮)。

【地方之神】顯應祖師

顯應祖師是由泉州人奉迎來台的神祇，全省主祠與從祠的廟宇有二十多座。

顯應祖師又稱祖師爺、祖師公。有關顯應祖師的來歷，《閩雜錄》記載：顯應祖師爲唐代名僧，俗名孫應。當時泉州府安溪縣彭內鄉中，有惡鬼作祟，鬼卒常出沒鄉閭禍害人畜。附近居民懾其淫威，乃於每年初秋，獻上童男童女一對，並備牲醴，送入山中供奉。否則，隔年必遭大難，人畜死傷無數。

有一天，孫應雲遊到彭內鄉，知道這件事，義憤填膺，遂抱除害決心。起初鄉人擔心他鬥不過惡鬼，不同意他上山。但孫應去意甚堅，且信心在握，始漸有人同意，容其一試。因備黑狗十二頭，洒米利器若干，以壯其行。

孫應入山，持咒施法，惡鬼竟一一屈服，或被斬、或逃逸，並燒毀鬼穴。下山時，捕捉二鬼，一長一矮，交與城隍爺作驅役，即今之林將軍與張將軍。當地鄉民感念其恩德，遂立生祠以祀。孫應得知此事，竟於半夜潛離，雲遊他鄉。

相傳，當時建祠，每每於山中飛下木材，石隙湧出油鹽，力助其成。因而彭內鄉祖師廟之柱，人稱爲「飛柱」，瓦稱爲「飛瓦」。宋末，受封顯應祖師。

另據《安溪縣志》卷九仙釋所說：「顯應大師，修行於翠屏山，永春黃氏子，精通禪理。時值大旱，祈雨不應。師曰：我能。人未然之。師往誦經，誦畢曰：大眾急歸。少選滂沱。人號黃水車，後坐化。」而卷十寺觀，則說：「顯應廟，在縣南厚安村，神姓陳名潼，唐時人。」

▲顯應祖師一般相傳即為「顯應清水祖師」（北縣石門五龍宮）。

在台灣的顯應祖師像多與清水祖師像合祀在一起。

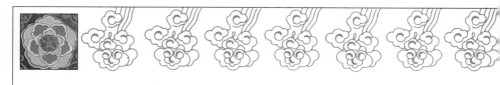

【地方之神】清水祖師

清水祖師又稱「麻章上人」，閩南多稱爲「烏面祖師」，台灣民間通稱爲「祖師公」。

清水祖師的來歷有種種傳說。一般認爲他是福建省永春縣小姑鄉人。俗名叫陳應，自幼剃度爲僧。後來到大靜山參訪明松禪師，經三年的精勤修行，終於悟道，便辭別師父，臨行前，師父授予衣缽，並勉其應秉持佛家慈悲的精神，以利物濟世爲職志。

下山後的清水祖師，駐錫麻章，遵照明松禪師的意旨，施醫濟藥，救人無數，麻章人士乃醵金建造精舍，名清水巖。

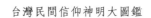

祖師在清水巖修行達十九年之久，在這段期間，上人獨力募化，修橋補路，人人稱便，當時漳州、汀州一帶的人，都十分崇敬他。上人圓寂後，地方人士感念其生前德澤眾生，生後靈跡顯著，奏報高宗，敕賜「昭應大師」封號。孝宗淳熙十一年，因祈雨靈驗，加封「昭應普濟大師」。

清水祖師又稱烏面祖師。傳說祖師在清水巖築室時，與一畲鬼相鬥法。畲鬼將祖師置入穴中，火薰七日夜，祖師未死。出來後滿面烏黑，但毫

▲清水祖師(又稱清水落鼻祖師，北縣三峽祖師廟)。

髮未傷。另有一說是代他的嫂嫂燒飯，從煙囪遁跡，所以清水祖師的臉變黑了。

另傳說清水祖師的神像有一次被山寇削掉了鼻子，後來雖經人修復，但每逢天災地變或其他人爲禍害時，祂的鼻子便會掉落，暗示災禍的前兆，所以又有「落鼻祖師」之稱。在台灣有近百座供奉清水祖師的廟宇，其中以三峽祖師廟及萬華清水巖祖師廟最著名。

【地方之神】慚愧祖師

佛經上說，人與禽獸的最大差別，是因爲人有慚愧之心。具有慚愧之心而成爲神明，「慚愧祖師」的信仰，較之其他因靈驗事蹟或感人的德行而被奉祀的衆多神明，顯得相當特別。更有意思的，慚愧祖師感覺慚愧，不是因爲他做了壞事，而是覺得自己做的好事還不夠。

有關慚愧祖師的來歷有二。一說慚愧祖師指的是福建省平和縣蔭林山一位叫潘達的三個兒子——達孔、達德、達明。這三個兒子各有所長。長子達孔精通地理之學；次子達德，精通岐黃之術；三子達明，精通醫術及法術，他們三兄弟都能秉承父志，以所長服務鄉里，奉獻人群。

尤其達明還治好過當朝皇太后的痼疾。可是當皇帝論功行賞時，卻把潘家給遺漏了。但潘家三兄弟並沒有因此有所怨尤，反而感到慚愧，自稱「慚愧公」。以後，他們三兄弟都在蔭林山得道，所以也稱爲「蔭林山慚愧祖師」。

另有傳說，慚愧祖師即唐代的潘了拳（本名潘拳）。小時候，父母雙亡，後開始學道，「歲早遠近祈禱，其應如響，至陰那斲伐木，建道場爲

修眞地，日說法，衆多不省……」（溫仲和——光緒嘉應州志），如此一過三十年，法師圓寂前自號慚愧，便端坐而逝，衆多門徒至此才感悟，遂被奉祀爲神明。

台灣的慚愧祖師廟有二十餘座，大都集中在南投。而南投的慚愧祖師廟，則集中在鹿谷及魚池兩地。這兩個地方在清代中、末葉，仍屬原住民勢力範圍，最初由鄭成功的部屬曾泰山攜帶三尊「慚愧祖師」神像來南投縣，相傳可以防止「番害」，遂成爲山區移民重要的守護神。

【地方之神】定光古佛

台灣僅有二座供奉定光古佛的廟宇，一是彰化市的定光佛廟，一是台北淡水的鄞山寺。定光古佛爲汀州人敬奉的主神，當初創建的目的乃是做爲同鄉落腳處的「會館」。

定光古佛原係佛教中的定光如來，即燃燈佛，是比釋迦牟尼佛更早成佛的佛，但民間相傳的定光古佛，指的卻是宋代的一位高僧，俗名鄭自嚴，泉州同安人，十一歲即出家。後來到長汀獅子巖靜修。十七歲雲遊到了豫章，爲地方除蛟患。

乾德二年，隱居於汀州武平縣的南巖，攝衣趺坐，蟒蛇、猛虎都不敢傷害他，當地人士視爲神明，特爲之建庵居住。在南巖駐錫五十年之久，終於淳化八年圓寂。

傳說兩百多年後的紹定年間，匪寇圍攻汀州城，「定光古佛」顯靈禦賊，汀州人感念其聖蹟，特奏清廷敕封爲「定光古佛」，所以汀州人士多信奉古佛。

載於佛典的定光如來，據《增一阿含經》所載，即是過去久遠劫一位

名爲善明之大臣的兒子，因爲出生時，身邊光明如燈，故名燃燈太子，成佛時亦名燃燈。另據《四分律卷三十一》所載，則以定光如來爲勝怨王大臣提閻浮婆提的兒子。《端應經》曾記載，釋迦牟尼佛未成佛前，有一世爲儒童時，因供養燃燈佛青蓮花，而蒙授記將來成佛。可見燃燈佛是釋迦佛的老師。

因爲定光古佛在佛教的地位極高，後來相繼被道教及白蓮教吸收。在道教成了燃燈道人，據說還曾幫助武王伐紂呢！白蓮教則稱爲「古佛」、「燃燈」、「眞空老祖」等等。

▲定光古佛(彰化市定光佛廟)。

【地方之神】法主公

在台灣，法主公是頗受道士崇奉的主神，在台灣的法主宮廟約有二十座。一般人相信法主公的法力無邊，遇有疑難雜症，都會到法主公廟請求道士代爲施法，爲人們改運、補運，祈求闔家平安。

法主公原爲福建安溪的地方神祇；又稱張聖君、都天聖君、張公法主等。有關祂的傳說不一。據傳，法主公是宋朝人，本姓張，兄弟有三人。當時福建永春州九龍潭牛洞中有一條怪蛇，數千年來吸收日月菁華，已成了蛇精，經常危害附近居民，張氏兄弟乃挺身而出，首先由二弟大膽單身闖入蛇洞，不幸中了大蛇的毒氣，性命垂危。在緊要關頭，大哥和三弟隨即殺進洞中，手中各握小蟲，施展法術制伏了大蛇。但轉瞬間，三兄弟化爲一縷青煙，消失得無影無蹤，附近居民認爲三人已升天爲神，於是在蛇洞內建廟，尊稱他們爲「法主公」。

另一種說法是：據傳福州橋的河底下，有一座三千年才開一次廟門的奇廟，如有人能進入廟中膜拜，便可獲得無邊法力。但因河中遍佈鱷魚，從來沒有人敢下河。有一天，張公卻用狗肉餵鱷魚，鱷魚很高興，於是用

尾寫下「如山大法院」，附近居民認爲法主公已獲神法，死後併建廟祀之。

法主公也是台灣茶商的守護神，傳說清光緒四年，大稻埕得勝街的振南茶行發生瘟疫，許多人被傳染，街坊紳商便恭請法主公的香火禳災，才得消除。

茶商陳基德並專程到廈門，雕塑了一座金身的法主公神像回來奉祀，後來神明更加靈驗，善男信女就再出資建廟奉祀，目前這座法主公廟就座落在台北市南京西路。

▲法主公(北市南京西路法主公廟)。

【地方之神】瞿公眞人

在台北市天水路有一座廟貌古樸的「溥護瞿公眞人廟」，爲台灣唯一供奉瞿眞人的廟宇。惜光復以後，香火日漸式微。

瞿眞人爲民間信仰中的「孝子神」，也是早期人們的求嗣之神，據王國璠《台北市歲時紀》所載，瞿眞人爲明朝天啓年間四川仁壽縣人。幼年喪父，因家中貧寒，而半天讀書，半天採薪養母。年長時，母親雙目失目，他侍侯母親更是無微不至。白天儘量外出以勞力賺錢，讓母親吃好睡好，自己寧可省吃儉用。在這樣困苦的環境下成長，他仍能利用晚上時間，勤苦讀書。因而附近村民莫不以「孝子」稱之。

不久後，母親不幸病亡，他泣血錐心、痛不欲生。把母親埋葬之後，他坐在桌子上，桌下堆滿木柴，隨即引火自焚。烈燄竄燒，天空忽然飄下來一片烏雲，把眞人接走。村民認爲他已得道成神，因而建廟祀之。

台灣的瞿眞人公，傳爲台灣巡撫劉銘傳奉靈而來的。相傳曾助劉銘傳於河南醫治瘟疫，此後劉銘傳軍旅所到之處，必奉眞人神像。清光緒十年（西元一八八四年），劉銘傳移駐台灣，瞿眞人乃隨著軍隊渡海來台，最

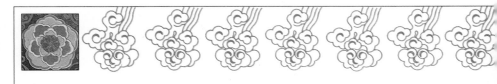

初供奉於西門街，後來才正式移祀於天水街現地。

傳說瞿眞人也是「嗣子之神」。據傳劉銘傳駐軍台灣，有一撫墾幫辦林維源的長子爾嘉，婚後久久不育，劉銘傳告訴林維源可向瞿眞人禱求。維源於是和子媳一起前往許願，果眞在隔年二月喜獲一男孩。這男孩日後即是名聞全台的大詩人林小眉。

▲瞿公真人（北市天水路溥護瞿公真人廟）。

【地方之神】楊元帥

楊五賽元帥是民間崇拜的神祇「楊家將」之一。楊家將計有楊府太師（楊業、宋太宗名將）、四使爺（楊延輝，楊業之四公子）、五使爺（即楊五賽）、六使爺（楊業的六子楊延昭）和宗保元帥等祖孫三代。台南縣歸仁鄉看東村有一座北安宮，創立於清道光十一年，即主祀楊五賽元帥。

楊元師又稱「大德禪師」、「厓公」、「楊府大帥」等，相傳是宋代忠臣楊業的五兒子。宋太宗雍熙三年（西元九九六年），楊業率宋軍攻打契丹、收復雲、應、寰、朔四州，不久後宋軍東路在河北戰敗，被迫退至陳家谷口，楊延德奉命督運糧秣救援，抵大營時，其父已絕食而死，延德傷心欲絕，遂遁入五台山爲僧，民間尊爲大德禪師。

北安宮廟誌碑記載其來歷說：「禪師即宋代名臣，楊家名將五郎也。緣覺富貴若夢，掛錫五台山，禪定大乖，而悟道成佛，至今猶傳；道光年間，街之紳商，蒙禪心庇庥，靈驗非一，因之感仰神功，策奠廟祀，先者德基粗具，後得鄰村共力，載拓載葺……」。

民間另有一傳說頗爲荒謬：傳舊時有放牛的小孩撿到一塊石頭，外貌妝似佛像，牧童玩興大起，學著大人扶乩請神，沒想到果眞聖駕降臨，大顯神威，村人乃建廟祀之。

台灣的楊元帥，早期僅楊姓人士祀之，晚近楊府元帥才受到其他民眾的敬奉。

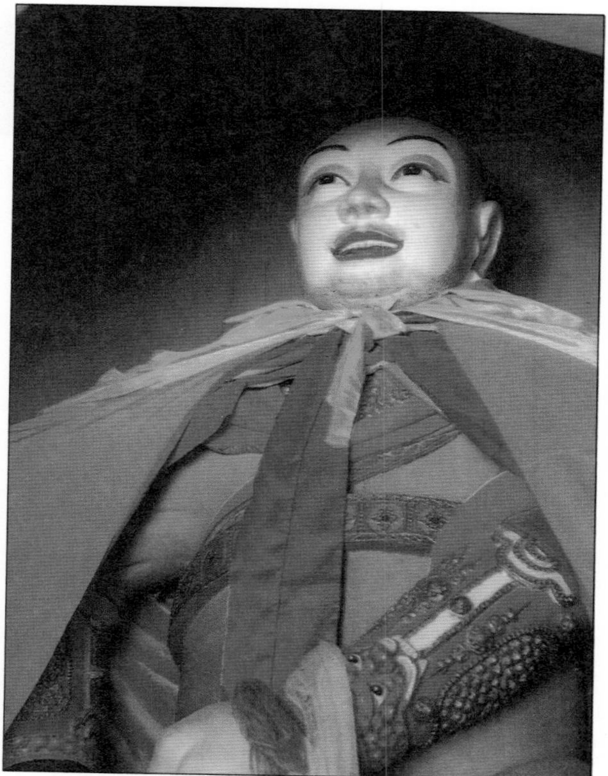

▲楊五賽元帥（五台山集福寺五郎殿）。

【地方之神】總趕公爺

總趕公爺爲台灣台南一帶的鄉土神祇。

俗稱倪府總管、倪總趕或輔義將軍的總趕公爺，其來歷仍是不解之謎。有人說他是開漳聖王陳元光的四大部將（輔顯將軍、輔信將軍、輔義將軍、輔順將軍）之中的輔義將軍。俗姓倪，名聖芬，海澄縣人。

另有傳說，倪總趕爲鄭成功麾下的輔義將軍，考陳元光爲唐代的武進士，鄭成功爲明末清初的將領，兩者年代相差甚遠，更巧的是，陳元光及鄭成功都有同名爲輔義將軍的部將，總趕公爺究竟是何許人也，也就更顯得撲朔迷離了。

總趕公據傳爲台地的海船總管，死後被奉爲航海業者的守護神。因爲當時台南爲台灣最大港埠，所以特別受到台南鄉親的信奉。

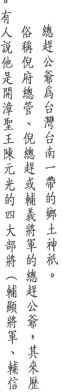

有關總趕公爲海船總管之說，源自王必昌修《台灣縣志》：「神姓倪，望其名，生長海濱，熟識港道，爲海船總管。歿而爲神，舟人咸敬祀之。」

民間又傳倪總趕爲鄭成功麾下的輔義將軍，原姓李，總管船舶，歿後因口傳之誤，李府總管變成了倪府總趕。

目前座落於台南市中正路的總趕宮，是台灣唯一主祀總趕爺的廟，初建於明永曆年間，清道光十五年（西元一八三五年）曾予重建。往後雖歷有修葺，但已淪爲當地的角頭廟，香火甚微。

▲總趕公爺(台南市中正路總趕公廟)。

【地方之神】光耀大帝

台灣寺廟的神祇，絕大多數都是由大陸傳來的，所傳來的有婦孺皆曉的全國性神明，也有知名度不高的地方性神明，在地方性神明中，宜蘭市新民堂所供奉的「李恩主」更是鮮爲人知，但既然有人供奉，也必然有其一段創建的源由。

創建於清光緒十六年（西元一八九〇年）的新民堂，原來稱作乩堂。據傳當時有一知縣遺失了印信，非常緊張，但用盡辦法都遍尋不著，剛好部屬中有一位信奉李恩主的人，於是由他扶乩請恩主指示，果然重獲印信。

善信感念李恩主的靈異，乃募款建立乩堂，因此而成爲蘭陽平原扶鸞之濫觴。

新民堂所主祀的李恩主是何許人呢？據王佐才《宜蘭縣志》所載：「相傳神姓李名巨川，字少舟，少時力學，長而著書勸善，俾益於世道人心，後得道成仙，靈跡著於陝西，何時人未詳。或謂李神係商紂之臣，封邑隴西，周初棄官隱居秦嶺成道，其說殊不足信。」

看來李恩主的來歷仍是一無解的公案，但一般民眾並不會去了解這麼多，信徒所在乎的是神明是否靈驗，所求是否能實現。

到今天，新民堂仍以扶鸞降乩聞名，年中例行的祭日頗多，也常爲善信舉行禮斗法會。每逢初一、十五則舉行誦經消災大會。一年中以正月二十四日李恩主誕生祭日最熱鬧。

▲光耀大帝李恩主(宜蘭市新民堂)。

【地方之神】五福大帝

在台灣稱謂頗爲複雜的五福大帝，又稱五靈官、五靈公、五顯靈官、五顯大帝及五行大帝等。而祂的身份也不是同一人，有謂是上古的太皞、炎帝、黃帝、少皞、顓頊五帝或伏羲、神農、軒轅、金天、高陽五帝；也有認爲五行大帝爲東方青帝，南方赤帝、西方白帝、北方黑帝及中央黃帝所組成；更有指五顯大帝爲馬于貞，佛教稱華光佛者。

不管五福大帝指的是誰，台灣民間都將五福大帝定位爲瘟神。目前台地供奉的五福大帝是由福州人傳入的，傳說中的五顯大帝，一般認爲是封建時代欲至福州應試的五名書生——張元伯、鍾士秀、劉元達、史文業及趙光明，此一說法流傳相當廣。

據說此五人有天晚上結伴出遊，路上遇上五瘟神在五處古井施毒。五人好心警告村人卻無人相信，又自覺應考未第，無顏返鄉，乃決意犧牲自己，留書示警，投井受毒身亡，因而拯救了全村生靈，村人感念五位書生的大恩大德，乃建廟祭祀，並尊張爲顯靈公、劉爲宣靈公、史爲揚靈公、趙爲振靈公，合稱五靈公。民間信仰中，也把五福大帝視爲五瘟神。明憲

▲五福大帝(台南市正興路西來庵)。

宗時，追封五人爲五福大帝。

台灣主祀五福大帝的祠廟約有十來座，主神大都以五福大帝稱之，稱五靈官或靈官大帝者僅少數一、二座。位於台南市正興路的「白龍庵」，是台地最早的主祀廟宇。各廟的祭典，大都在農曆九月二十八日，惟台南市西來庵的例祭日則在農曆三月三日。

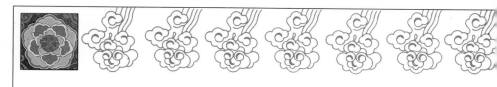

【地方之神】古公三王

古公三王是昔日隨大陸移民被奉祀來台的地方性神祇，桃園及宜蘭都有奉祀古公三主的祠廟，而在宜蘭一地，古公三王廟即有九座之多，儼然已成爲宜蘭地區特有的地方性神祇。

古公三王的姓名、來歷資料甚少，且不完整，僅知祂們是宋朝柳、葉、英三個異姓兄弟，因宋末合兵救宋帝殉難而享廟祀。

日人鈴木清一郎在所撰《台灣舊慣冠葬婚喪祭與年中行事》記載：「所謂古公三王，就是柳、葉、英三位結拜兄弟，在宋末率勤王之師營救宋帝，失敗之後通通殉國在漳浦某山之麓。後來三兄弟顯靈，人民就建廟祭祀。」

宜蘭地區最早的一座古公三王廟，位於五結鄉二結的「鎮安宮」，創建於清乾隆中葉。相傳當初大陸移民初拓蘭陽平原時，古公三王爺曾顯靈阻止原住民出草，二結地方人士乃建廟奉祀。

到了清朝末年，原住民出草的事蹟已完全絕跡，古公三王仍不斷顯靈，因而一直深受人民的敬祀，分靈廟也日漸增加。

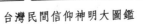

農曆十一月十五日，是古公三王神誕日，這一天，二結地方人士都要迎古公三王繞境，場面盛大熱鬧，是當地年度重要的廟會活動之一。

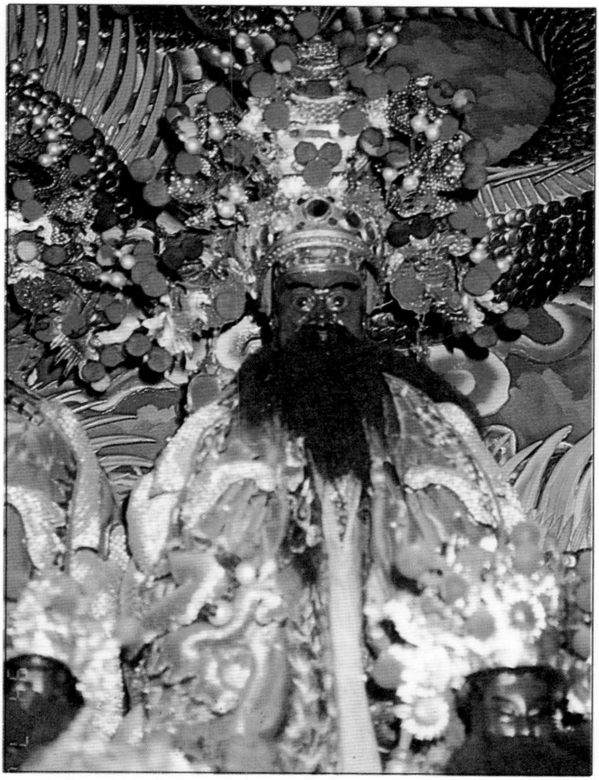

▲古公三王（宜蘭市新生帝王廟）。

【地方之神】九天三聖帝

台中縣豐原市的北龍宮爲民間打鐵製鐵業者的信仰中心廟，所祀的主神即九天三聖帝，另也是製鐵業與泥水業祖師爺的爐光先師與荷葉先師，僅是其配祀神。

九天三聖帝是民間信仰少見的神祇，傳說九天三聖帝爲孫臏祖師的十二門徒之一，這十二門徒都曾先後爲國捐軀，而被分別敕封爲九天九聖帝：大聖帝袁達；二聖帝須文龍、須文虎、孫燕；三聖帝李牧；四聖帝田英；五聖帝李欑；六聖帝吳解；七聖帝馬昇；八聖帝袁剛、田忌；九聖帝獨孤藤。

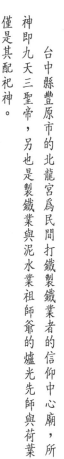

九天九聖帝中特別受到崇奉的三聖帝李牧，相傳爲戰國時代趙國的名將，長期鎮守趙國北方，曾不斷擊敗東胡、材胡、匈奴等。趙王遷三年（西元前二三三年），曾率軍大舉反攻秦軍，因功而封「武安君」，秦始皇懼其軍威，賄賂趙國奸臣郭開誣告李牧謀反，趙王因而殺了李牧。少了這名能攻善守的大將，趙國遂很快被秦始皇併吞。

台地供奉九天聖帝的廟宇在淡水、新店、台中及豐原各有一座，供祀

▲九天三聖帝(台中豐原市北龍宮)。

的聖帝分別是大、四、三及九聖帝，此外鸞歌的孫臏廟，也配祀有九天九聖帝。各廟祭祀聖帝的日期皆不同，而有關聖帝的來歷，傳說也不一致。

【地方之神】辜婦媽

辜婦媽爲台灣典型的烈女崇拜之傳統的社會視，雖有重男輕女的情形，但對於能表彰忠孝節義，死後成神者，則無分男女。中國古代有所謂「旌表大典」，即對具有忠孝節義善行的人，建立牌坊贈送匾額表揚或建廟祠奉祀，藉以維護倫理綱常，教化社會，很類似今日的好人好事表揚。

昔日，在彰化即有一座「節孝祠」，是合祀彰化縣曾受旌表的二百餘位孝女、烈婦或節女的廟。

在台南市青年路的辜婦媽廟，奉祀的主神爲清代節婦林氏。

據連雅堂修《台灣通史》所載，林氏，不知其名，爲台灣縣治人。二十歲時嫁給辜湯純，居住在東山坊。結婚不久後，她先生就死了。但她寧願守寡，也不願再嫁他人，雖然沒有和先生生下孩子，但卻將先生和妾子所生下的兩個孩子當做是自己的孩子，細心照顧，撫育成人。侍奉婆婆也十分殷勤。她的貞節與孝行，博得鄰里居民的稱道。死後，由當地居民上疏請旌表，清雍正五年，入祀節孝祠。

辜婦媽入祀節孝祠後，鄉人更於清乾隆五十四年（西元一七八九年）

▲辜婦媽（台南市中正路陰陽公廟）。

，集資倡建辜婦媽廟，咸豐八年（西元一八五八年）時曾重修，知縣沈時照並贈「大孝捐軀」之匾額。

台灣光復後，辜婦媽廟經大肆翻修，已喪失古貌，而香火亦日漸式微，每年四月十五日辜婦媽的生日祭典，也僅剩附近居民祭祀。

【地方之神】池頭夫人

以前移民台灣的大陸人，常因籍貫、姓氏等之不同，引起彼此勢力範圍的爭奪，謂之「分類械鬥」，當時常有閩、粵械鬥，或漳、泉火拼之事，造成無數生命與財產的損失。而「池頭夫人」被本省泉州籍居民奉祀爲女神，是因防範漳州人偷襲有功而成神的。

傳說的「池頭夫人」是一孕婦。在清咸豐三年，漳、泉兩地人在頂下郊械鬥。因爲泉州人防衛嚴密，漳州人久攻不下。有一天，龍山寺正舉行盛大祭典，泉州人因爲多日來的勞累，入夜之後，大家很早就睡了。漳州人知悉情況，趁機偷襲。但摸黑到龍山寺前，被獨自坐在龍山池旁乘涼的孕婦發覺，乃發聲向族人示警。漳州人想要阻止，卻慢了一步，盛怒之下，竟將這無辜的孕婦斬了首。但泉州人也因此被驚醒，及時反攻，把漳州人趕跑。

事後，泉州人把犧牲自己性命，保衛家族安全的這孕婦收殮起來，並予以厚葬。爲感念她的大恩大德，尊之爲神，並以「池頭夫人」（在龍山池爲救族人被斬頭的夫人）稱之。

▲池頭夫人(台北市萬華龍山寺後殿)。

每年在農曆三月六日，池頭夫人殉難這天，泉州人都會舉行盛大祭典。艋舺一帶居民都相信池頭夫人有孕殉難，因而對保佑孕婦平安生產最爲靈驗，因此被視爲安產的神明，故也常配祠在「註生娘娘」旁邊。

在台灣並沒有主祀池頭夫人的廟祠，一般都附祀在「霞海城隍廟」和「保安宮」兩處。而供奉在台北龍山寺右後殿的池頭夫人則最爲有名。

【地方之神】有應公有應媽

有應公是台灣民間信仰中神格最低的。有應公即泛指一般無主的孤魂野鬼，被收容祭祀者，不同於一般有背景、來歷，有特殊功績的神祇。由於有應公各地形成的背景與環境不同，別稱也就特別的多。如聖公媽、萬善爺，七王爺、六義士、十八王公、水流公……等千奇百種。

探究有應公信仰的普遍，其原因有二。一爲國人害怕無主的孤魂會變爲厲鬼爲害世人，但如果加以奉祀，鬼魂就不會無端作惡。此如《春秋傳》所言：「鬼有所歸，乃不爲厲。」王公大臣、乃至於尋常百姓，遇到惡疾，或不順遂之事，無法解決時，也常以爲是沖犯了「厲鬼」，因而不免勤加祭祀，以防鬼害。故而《禮記・祭法》云：「王祭泰厲、諸侯祭公厲、大夫祭族厲。」〈士喪禮〉也說：「病禱於厲」。

其次，對於無主的孤魂建祠收容祭拜，也是基於民眾的悲憫惻隱之心。成爲有應公的敬祀對象，在台地可分爲六類。一、路倒病死無人收埋者。二、墓地一帶的無主枯骨。三、水流淹死無人收屍者。四、戰亂而死無人收葬者。五、兇禍而死冤魂不散者。六、其它特殊死亡無人理會者。另

有「有應媽」祠廟，供奉的則是女的無主孤魂。

同樣是祭祀無主的孤魂，「義民爺」是在生時有忠孝節義、保國衛民的事蹟，足堪列爲神明，供人敬祀。而「有應公」、祭祀的對象不一定是好人，其中也不乏善惡不分、是非不明，甚而爲非作歹的亡靈。民眾基於同情之心，加以奉祀，也算是善舉。然而，晚近不少人抱持有求必應的心理，所求皆是每賭必贏，希望消遙法外等不當的祈求；變質的有應公信仰也反應了台灣社會風氣敗壞之一般。

▲有應公、有應媽(主祀無主孤魂的鄉下簡陋小廟)。

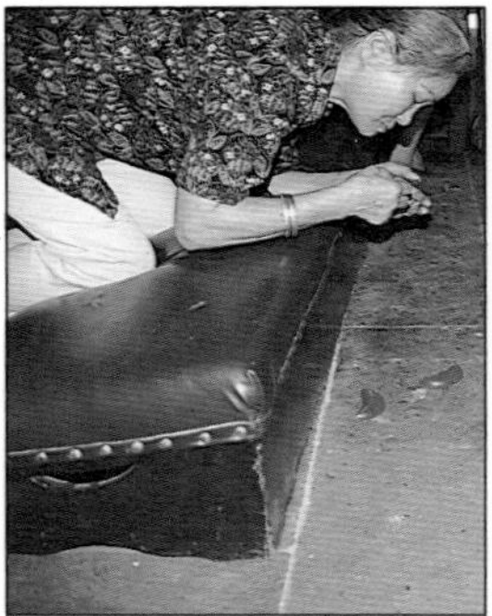

【地方之神】大眾爺大眾媽

台灣民間信仰中的大眾爺，是屬於有應公的一種。但神格較有應公、百姓公、雜姓公等稍高，所葬的枯骨也較多。

大眾爺祭祀的大多是無主孤魂，僅少數地方祭祀的是特定的對象。如彰化縣鹿港鎮「威靈廟」所奉祀的大眾爺，是留名青史的民族英雄劉綎將軍。創建於清乾隆六年，位於台南縣鹽水鎮的大眾爺廟，供奉的主神爲雷府大將軍，這是由有應公昇格化的神祇崇拜。

大眾爺傳說是陰司鬼王長的統稱，也有說是鬼中的厲鬼。爲了安頓「大眾爺」，清康熙五十五年（西元一七一六年），台灣府居民於台南大南門外建大眾壇，前堂供厲鬼，後堂供佛，其右立萬緣堂，收容遺骨。此大眾壇的創設，也算是官方的德政。等到台灣被日軍佔領後，大眾壇遂與官府脫離關係，由民間自由祭拜，也沒有固定的祭期。可惜的是，有些神棍每每假藉厲鬼之名，私設寺廟，或爲帝、王、公，主其事者居心叵測，前來祭拜者也多有非份祈求，大眾爺的信仰大大變質，也反應了世風日下、人心墮落的一面。

大眾爺祭祀的是男的亡靈，相對的也有祭祀女亡靈的大眾媽廟。在苗栗後龍鎮即有座「大眾媽廟」，供奉的是清乾隆兵部尚書王喜總的女兒王寶英。

在台灣每個重要城鎮，幾乎都有大眾爺存在。各地的大眾爺廟祭期不一，但據《台南縣的寺廟與神明》稱：「八月二十五日，爲一般『大眾爺』的誕辰，每年的這一天，像萬華的昭顯廟一類的祠廟都得建醮祭祀。」

▲大衆爺、大衆媽（北縣新莊地藏庵）。

【地方之神】義民爺

「義民爺」又稱「義民公」、「忠勇公」，或尊稱爲「褒忠義民爺」。義民爺是台灣地區特有的民間信仰之一，祭祀的是因戰爭、械鬥而死的無主孤魂，和有應公屬同系統的神祇。但名之爲「義民」，或爲保國衛民、或爲除暴安良、救國救民而壯烈犧牲，在民眾的心中，自有一份特別的崇敬。

台灣的義民爺信仰，在客家人長期的經營與祭祀下，早已脫離有應公厲鬼弄人、有求必應的特質，提昇爲亦神亦祖的神祇。

台灣地區的義民爺信仰，以新竹縣新埔鎮的褒忠義民廟，及屏東縣竹田鄉的西勢忠義祠爲中心。新埔鎮的褒忠義民廟是爲了紀念因林爽文事件而壯烈犧牲的客家人義勇軍。

林爽文是反清復明的志士，但其部屬紀律廢弛，殺人放火，無所不爲，百姓視爲匪徒。清乾隆五十一年，林爽民在彰化起事，短短時間內便席捲全台，次年更改陷竹塹城。新埔一帶的客家人組成義勇軍，與苗栗義軍結合，共同克復竹塹，此役中，新埔義民有兩百餘人陣亡，爲紀念亡靈，

村民乃建廟祭祀。乾隆皇帝並親賜「褒忠」御筆，以嘉勉義民的忠勇。

屏東竹田六堆忠義祠，是爲了紀念因朱一貴兵變而犧牲的客家人義勇軍。清康熙年間，高屏一帶六堆地區的客家人，爲了抗拒朱一貴部屬的侵擾，共糾集了一萬二千餘義民，與賊軍對抗，此役殉難者共一百一十人，死後由清廷撥款初建忠義亭，光復後，重修成今日的廟貌。

每年農曆七月二十日爲客家人的義民節，是全省各地客家人心目中最盛大的祭典。

▲義民爺(新竹新埔枋寮里義民廟)。

【地方之神】劉公聖君

民間信仰中的蛇神，除白蛇傳中的蛇精較爲民衆熟悉外，傳說中的伏義之女——洛水之神宓妃，以及玄天上帝的臟腑所化成的「蛇聖公」，也都是知名的蛇神。

而在高雄縣美濃的東城樓附近，有一座創建於乾隆八年（西元一七四三年）的劉公聖君廟，當地人都以蛇神廟稱之，是台灣地區頗特殊的蛇神信仰。

劉公聖君究屬何方神聖？有傳說劉公聖君是千年蛇精修練而成的神，農民祭祀祂，可以驅除蟲害，使農作物豐收，六畜興旺。

另有一則傳說：劉公聖君本名劉好勇，原爲一遊手好閒之徒。剛好山中有一千年蛇精，經常危害鄉民，鄉人束手無策，最後只得把劉好勇騙上山去，要他殺蛇除害。沒想到，蛇精果然被他所除。

還有一則當地人較普遍接受的說法，認爲劉公聖君即漢高祖劉邦。傳說漢高祖劉邦擔任亭長時，釋放許多決心悔過的人犯，卻在澤中被大蛇阻擋。劉邦乃拔劍斬殺大蛇。後來有一位老婦人哭著前來認屍，說白帝之子

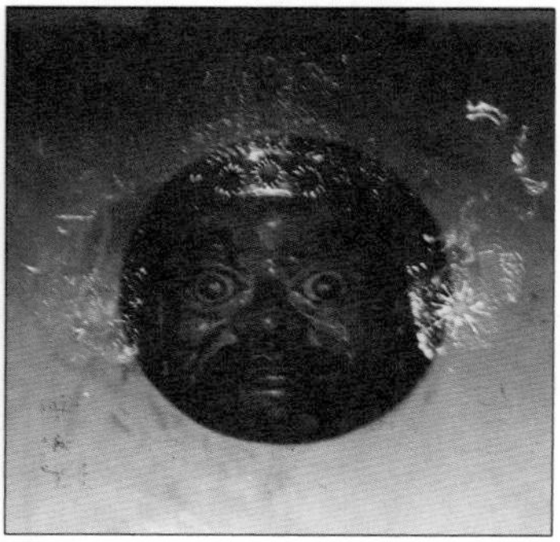

▲右：劉公聖君（高雄美濃聖君宮，左下為三兄弟之一的張公聖君）。

被赤帝之子所斬，劉邦才得以完成大業。民間俗信祭祀聖君，可避免在田野遭蛇攻擊。

無論劉公聖君的本來面目是蛇或是人，在善信的心目中，祂都是農作物的保護神。

美濃劉公聖君廟的主神劉公，最初是由一個叫李望官的移民，於乾隆元年（一七三六年）奉迎來台的。農曆四月八日爲劉公聖君的例祭日，美濃當地的客家人都會準備供品祭祀聖君，以祈五穀豐收。

【地方之神】黑虎將軍

在台灣人的心目中，虎是獸類中最兇猛的動物，虎的猙獰面目與勇猛氣勢，百姓十分懼怕，因而忌諱在喜慶祝賀中出現虎的圖像，即連屬虎的人，也有禁忌，不能進入某些場合中。

但人們懼虎，視虎爲萬獸之王，也認爲虎可以避邪驅魔，所以宮廟牆壁常有龍虎相對的繪像，用意在禳災避邪。以前的小孩身上常配有虎符、虎帽、虎鞋、都繡有虎首，除做爲裝飾外，也有一份驅魔保平安的功用。

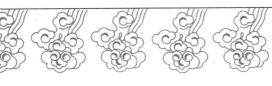

台灣民間的祠廟中，大都配祀有虎神，迎神賽會中，更成爲前導的開路先鋒。虎神最初爲土地公與保生大帝收伏的麾下部將，土地公麾下的稱虎爺，保生大帝收伏的則稱黑虎將軍。

虎神成爲保生大帝的部將，有一段來歷。據傳，在宋朝年間，有一隻黑色的猛虎吞了一位婦人，卻被婦人頭上的髮簪深深地刺入猛虎的喉頭，痛不可當，難以忍受，便跑去求保生大帝醫治。保生大帝訓斥牠說：「你殘害人畜太多，這是上天給你的懲罰，我不能替你醫治。」受傷的猛虎苦苦哀求，並低頭表示懺悔，保生大帝要求祂拔出髮簪後不可爲非作歹，黑虎點頭答應。治好了黑虎的創傷後，說也奇怪，祂便寸步不離跟隨保生大帝，生前供大帝坐騎，得道之後，保生大帝也度了黑虎成神，成爲黑虎將軍。

傳說虎神對治療腮病（俗稱生豬頭皮，即耳下腺發炎）特別靈驗，子女患腮病時，用金紙撫虎神的下頷，再貼在孩子的患部，便可很快痊癒。老虎能治病，實在神奇，但名師（保生大帝爲神醫）出高徒，這也難說！

▲虎爺（北縣新莊地藏庵）。

【地方之神】石頭公

日人鈴木清一郎先生將本省人對神明的崇拜，分爲自然崇拜、人類崇拜及器物崇拜等三類，其中自然崇拜又區分爲有機界與無機界二類。對於「石頭公」的信仰，是屬於無機界的自然崇拜。

「石頭公」又稱「石聖公」、「大伯公」、「石將軍」等。顧名思義，一切以石頭爲主角的神明，不管是否擬人化，都泛稱爲「石頭公」。連石頭都可以成聖成賢，變成神明爲人祭拜，當然這些石頭不是普通的石頭，而皆是有模有樣的「人形自然石」，或形象奇特的「畸形自然石」。而這些石頭能夠化爲神明，也不是憑空得來，多少有些靈異的徵兆，在某些場合被人傳揚開來。

在豐原市神岡庄社口有一間「振興祠」，供有大小兩顆石頭。相傳是百年前，有個名叫林旺的村民在大甲溪邊撿到的，由於石頭形象具人形，就把它供在「振興祠」。傳說非常靈驗，孕婦拜「石頭公」，會使小孩「頭殼硬，好育伺」。

另外在嘉義某地也曾有一塊叫「金鴨母石」的巨大石頭，據說下雨天

▲石頭公(宜蘭頭城外澳百姓公廟，當地人云所拜者即廟側之石頭公)。

時，如果碰到它，一定會摔傷。後來有一個外國人說是因爲石頭裡有隻金鴨母。附近居民於是就把石頭搬進廟裡祭祀，從此香火不絕。台灣類似這樣的「石頭公」崇拜，遍佈全省各地。

台灣通俗信仰中的石頭公，大都被視爲壓煞禳災之物，尤其一些常生事故（如車禍、淹死等）之地，常可看到上刻「泰山石敢當」或「南無阿彌陀佛」的石碑。也有人認「石頭公」爲自家子女的「契父」，祈求子女吉祥平安。

【地方之神】義犬公

能成爲民間信仰奉祀的神明，其前身不一定是人，也可能只是一隻動物；動物能成神，台北縣石門鄉，淡金公路旁的十八王公廟所供奉的義犬公，即是典型的一例。

傳說中的十八王公，是清乾隆年間，某一商船因遇颱風，漂流到石門鄉乾華村附近，這時船上的十七人都已殉難，僅一條狗守在屍體旁。

村人不忍屍骨曝於荒野，挖了一個土坑準備埋葬，沒想到那條狗竟先跳入坑中，再也不肯上來，當地居民深受感動，只得把義犬陪葬，統稱爲「十八王公」。

十八王公廟是台地有應公廟中名氣最大、香火最盛的一座，在原廟附近及高雄都有自稱「十八王公」的廟出現，足見十八王公受到民眾的虔誠崇信。

據說，民國六十年，台電選定十八王公廟地隔鄰興建核一廠，該廟的拜亭被拆除，十八王公竟因此大怒，托夢給該廟管理人與台電談判，終於民國七十四年重建了一座拜亭。因此託夢的靈驗事蹟，使得十八王公廟香

▲義犬公(北縣金山鄉十八王公廟，最中即義犬)。

火更加鼎盛。

供奉義犬的廟，除了石門的十八王公廟，另有嘉義的「忠義十九公廟」與北港的「義民廟」。後二廟所奉祀的義犬，傳說都是林爽文事件的殉難者。

彰顯高貴的道德情操，動物都可以成神，「義犬公」的信仰，顯示了民間信仰中，尊重生命平等價值的善良心地。

【地方之神】大樹公

大樹公在台灣處處可見，是屬於有機物的自然崇拜，大樹公俗稱樹王公或樹王爺，尊稱爲「萬古聖公」，即是巨樹所成之神。因爲樹的種類不一，所以樹神的名稱也有多種，如「榕樹公」、「茄冬公」、「刺桐公」、「檨仔公」、「烏樹公」等等。

樹木在台灣舉目可見，但並不是每棵大樹都能成爲大樹公。能被奉爲神明的大樹，總不出如下因素：一、有一定的樹齡，至少也都是上百年的老樹。二、其形狀特殊像某種神明、動物，甚至人類的生殖器官，符合人們的崇敬與期望，而受到崇拜。三、出現某些特殊的靈驗事蹟，曾救助保護人。

在嘉義民雄菁埔村有一座小祠奉祀檨仔王。檨仔王是芒果樹而成神的。傳說清嘉慶二十年，當地有位農夫因孩子夭亡，悲慟地扛著屍體準備埋葬，卻因忘了鋤頭，就把屍體放在一棵巨大的芒果樹下，回家去取鋤頭。沒想到再返回時，孩子奇蹟似地復活，當地人認爲是樹神庇佑，於是誕生了「檨仔王廟」。

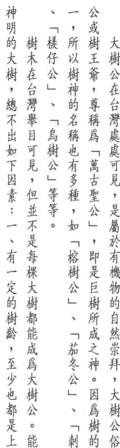

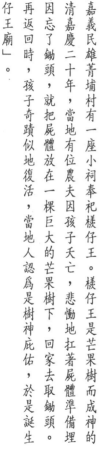

◀大樹公(宜蘭市延平路
▼大樹公姑堂，廟門及
奉祀之神明)。

在台中縣大里鄉樹王村有一棵外型像雨傘的「涼傘樹王公」，約有四五百年歷史，樹抱七公尺餘，傳說曾救了嘉慶君一命，因而受到善男信女的虔誠膜拜。

屏東里港鄉的茄冬村是一個因樹王公而得名的村落。村中最著名的，是已有三百多年的茄苳尊王。傳說清領時，原住民曾前來茄冬偷襲漢人，茄苳王化為將軍，助當地居民脫險，遂成當地人信奉的樹神。

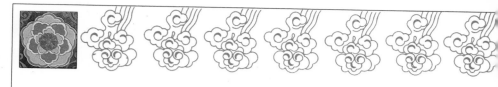

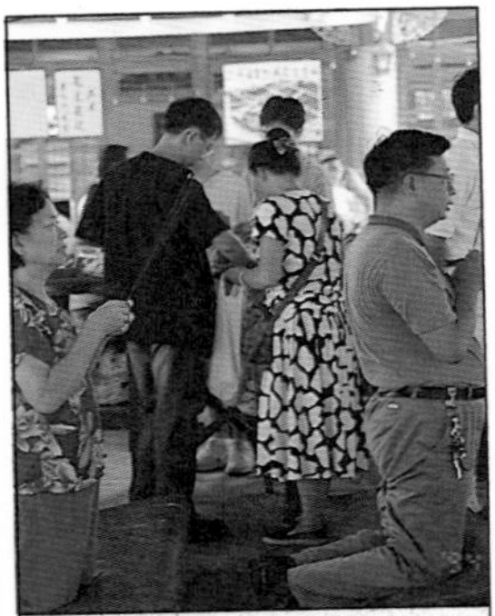

【地方之神】金斗公

在宜蘭頭城鎮外澳里北端，「東北角濱海風景區南端入口處」旁，有一個「金斗公」廟，廟門雖小，卻是遠近馳名。

金斗公廟內有一塊匾額，上書「有求必應」四字，是清光緒年間武將傳德柯敬獻的。百年來，香煙繚繞，頗見油污，也愈顯得廟史之古老悠遠。

據說在一百多年前，此廟南邊散居著幾户半農半漁的人家。當時捕魚以流刺網爲主，有一天，某位漁民收網時，赫然發現網內有一個頭髏，漁夫吃驚之餘，趕緊將之移開。豈料翌日下網，又見同樣一個頭髏，於是漁民不敢怠慢，立刻迎回岸上，並且恭恭敬敬地奉入金斗，安置在附近的小山崖下。

自此之後，那位漁民每天的漁獲量大爲增加，鄉里因此傳說是金斗公在報答他的陰德，一時大家爭相敬拜金斗公祈求降福消災。說也奇怪，凡是入廟祈求者，次日的漁獲量一定顯著增加，從此金斗公聞名遐邇，遠近的人紛紛前來祭拜。人人相信金斗公已得龍穴靈氣，故能護佑鄉民，大顯

神蹟。

當時有一位漁民，心想：該地既是龍穴所在，何不把先人祖骨入替，以獨得靈氣？於是他趁夜黑風高之時，以祖骨換出原先的金斗，沒想到三天之後，那位漁夫即一命嗚呼，家族中且連死兩人，遺族非常惶恐，立刻放回金斗，厚禮贖拜，終於平息了天譴。此後，金斗公威名更爲顯赫，相傳該廟對漁民、飼養牲畜者及在風月場所中謀生者所許的願特別靈驗。

▲金斗公（宜蘭頭城外澳金斗公廟）。

主要參考書目

一、台灣省通誌卷二人民志禮俗篇・宗教篇／台灣省文獻會編／民國六十六年
二、台灣地區神明的由來／鍾華操著／省文獻會版／民國六十八年
三、台灣神像藝術／劉文三著／藝術家版／民國八十二年
四、台灣民俗／吳瀛著／眾文版／民國八十三年
五、台灣風俗誌／日・片岡巖著／眾文版／民國七十九年
六、台灣舊習慣俗信仰／日・鈴木清一郎著／眾文版／民國七十八年
七、台灣歷史民俗／林衡道著／黎明版／民國七十九年
八、台灣的根及枝葉／陳香編著／國家版／民國七十九年
九、華夏諸神（佛教卷・道教卷・俗神卷・鬼神卷共四冊）／馬書田著／雲龍版／民國八十二年
十、中國神明概論／沈平山編著／新文豐版／民國六十八年
十一、台灣搜神記／劉昌博著／黎明版／民國七十年
十二、中國神明百科寶典／林進源編著／進源版，民國七十七年
十三、台灣歲時小百科（上下冊）／劉還月著／臺原版／民國八十一年
十四、台灣民間信仰小百科（廟祀卷）／劉還月著／臺原版／民國八十三年
十五、台灣的祠祀與宗教／蔡相煇著／臺原版／民國八十二年
十六、台灣宗教與秘密教派／鄭志明著／臺原版／民國八十二年
十七、佛光大辭典／慈怡主編／佛光版／民國七十七年
十八、台灣民間宗教信仰／董芳苑／長青版／民國七十三年

工筆仿古精繪廿四幅鳥仔卦

收藏卜運兩相宜

三結義
桃園結義意情深
三人異姓共一心
昆山美玉皆是寶
後日鉄能變成金

三藏取经
三藏取経往西天
路途間險勞聖僧
雲遮秦嶺家何在
雪延南関馬不前

觀音佛祖
一輪紅日照乾坤
萬物同叨雨露恩
人意若存利濟志
自然發達蔭兒孫

五鬼
五鬼路中出現來
一重口舌一重災
求神問聖難得過
後頭還有一重來

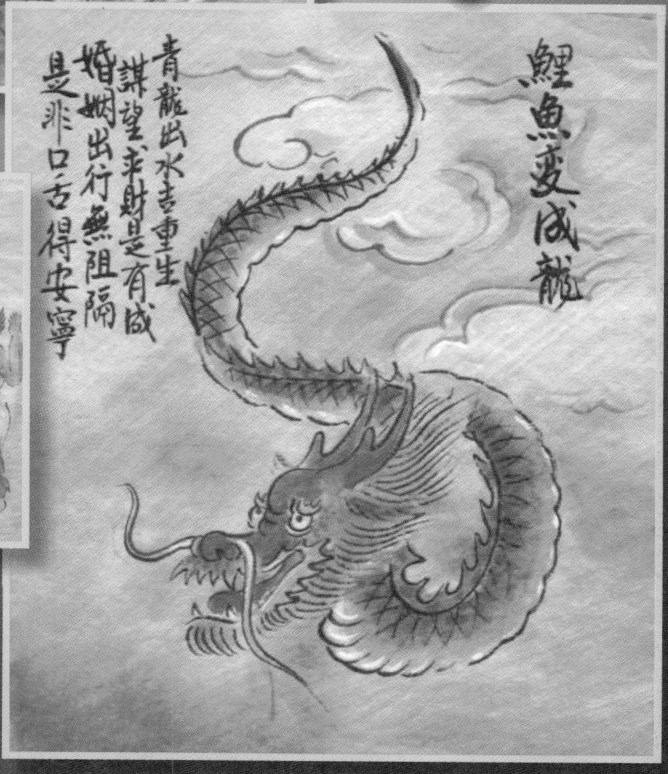
鯉魚變成龍
青龍出水吉重生
謀望、求財是有成
婚姻出行無阻隔
是非口舌得安寧

姜女送寒衣
姜女尋夫喃痰啼
千里路途送寒衣
三步一跪拜神祇
不幸夫妻無緣見

黃雀搶粗糠
求名問利一時難
出外行人遇友蘭
萬事誠求神佛佑
管教是非保平安

西牛望月
西牛望月靜等待
用心計較為將來
初一十五月當圓
祇求幸福永遠來

鬪鷄
托木屐
時机時好有時壞
保守觀望慢々來
波浪總有平靜時
等待机會望將來

蜻蜓入網
蜻蜓誤入蜘蛛網
行人岁外無回来
官非有事獄中坐
家人有病未得安

吕蒙正抛绣球
時到成功喜氣揚
求名取利大吉昌
婚姻合夥無妨碍
交易出行也順当

蛇傷虎厄
惡路邪途暗不明
留心避去免災驚
故風靜默兼行善
方許無殃轉太平

萬曆登基
萬曆登基是貴張
身穿龍袍坐金堦
文武百官来朝拜
後日難出貴人来

犯鬼交纏
陰鬼提鎖
陰鬼提鎖事非輕
出外行藏要小心
若問有身占此卦
平地之人吃一驚

財子壽

双脚踏双船
三心兩意志不堅
破財失神夜難眠
進退兩難若無步
清香求神心安定

鉄樹開花
鉄樹開花待運時
任君此去作乾坤
花菓結実無發春
福祿自有庆家門

郭巨埋兒
郭巨有孝感動天
家庭貧苦去埋兒
公直無私行善心
天賜百兩正黃金

前手接钱
後手空
人無財庫財難守
前手接錢後手空
若有貴人來相助
轉換氣運展光彩

金姑看羊
金姑看羊被人騙
劉永做官蔭妻兒
婚姻思想皆得意
後日夫妻富萬年

皇都市
董永有孝皇都市
感動天地有保庇
七星娘媽送孩兒
夫妻富貴萬々年

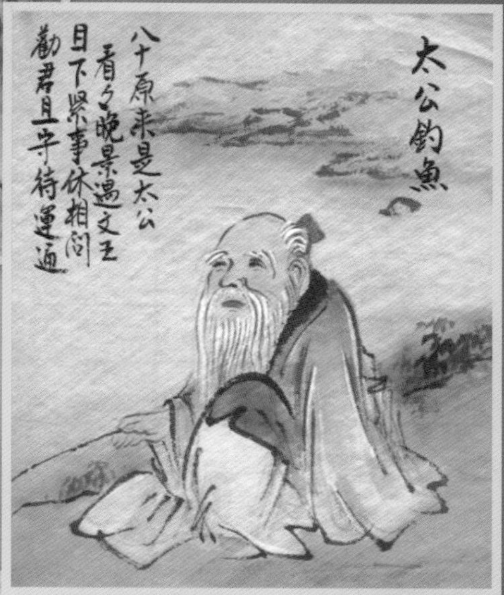

定價一〇〇〇元

訂購專線：二三〇四一一六七〇

國家圖書館出版品預行編目資料

台灣民間信仰神明大圖鑑／林進源主編. — 再版. — — 臺北市：進源， 2005.〔民 94〕
面；公分. — —（百科叢書；4005）

ISBN 986-7864-31-X（平裝）

1. 民間信仰— 台灣
272 94000332

◎ 百科叢書 4005

台灣民間信仰神明大圖鑑

作　　者／林進源主編
出 版 者／進源書局
發 行 人／林莊橙樺
法律顧問／黃 沛 聲 律師
社　　址／台北市華西街 61-1 號
登 記 證／新聞局局版台業字第 5783 號
電　　話／(02)2304-2670・2304-0856・2336-5280
傳　　真／(02)2302-9249
E-mail：juh3344@ms46.hinet.net
郵政劃撥／台北 1218123-3 林莊橙樺帳戶
電腦排版／齊格飛設計製作群
印　　刷／沅立彩色印刷（股）公司
初版日期／一九九六年十二月
出版日期／二〇一二年十一月
定　　價／~~彩色平裝新台幣 800 元~~　感恩價：500 元